Gerhard Kienle · Herbert Hensel · Karl-Ernst Schäfer

Wissenschaft und Anthroposophie

GERHARD KIENLE · HERBERT HENSEL
KARL-ERNST SCHÄFER

WISSENSCHAFT UND ANTHROPOSOPHIE

Impulse für neue Wege der Forschung

URACHHAUS

Im Auftrag der
FREIEN EUROPÄISCHEN AKADEMIE
DER WISSENSCHAFTEN
herausgegeben von
Uwe Stave

CIP-Titelaufnahme der Deutschen Bibliothek:

Wissenschaft und Anthroposophie : Impulse für neue Wege
der Forschung / Gerhard Kienle...
[Im Auftr. d. Freien Europ. Akad. d. Wiss. hrsg. von Uwe Stave]. –
Stuttgart : Urachhaus, 1989
ISBN 3-87838-609-5
NE: Kienle, Gerhard [Mitverf.]; Stave, Uwe [Hrsg.]

ISBN 3 87838 609 5

Umschlaggestaltung Peter Keidel, Stuttgart.
Satz und Druck der Offizin Chr. Scheufele, Stuttgart.

INHALT

GELEITWORT

Lange habe ich mich gewehrt gegen die Aufgabe, ein einleitendes Wort zu schreiben über die Anfänge der Freien Europäischen Akademie der Wissenschaften (FEAW). Ich bin kein Historiker; im Rückblick eines langen Lebens laufen mir die Jahrzehnte durcheinander. Gewisse Bilder drängen sich immer deutlicher in den Vordergrund und Zwischenzeiten verblassen, obwohl sie notwendig waren und Höhepunkte möglich machten. Zu den Höhepunkten gehören die Begegnungen mit den drei Persönlichkeiten, die in diesem Buch gewürdigt werden.

Was hat uns und viele andere dazu bewogen, eine FEAW in die Welt zu setzen? Uns verband die Tatsache, daß wir alle an Universitäten lehrend tätig waren und daß wir in unserem persönlichen Leben der Anthroposophie begegnet sind. Inwieweit diese beiden Tatsachen im privaten Leben nebeneinander herliefen oder innig verbunden waren, mußten wir gegenseitig noch erfahren. Wer als Anthroposoph an einer Universität oder Hochschule arbeitet, steht einsam da. Im günstigsten Fall findet man Kollegen, bei denen man in privaten Gesprächen (einiges) Interesse findet. Der innere Kampf ist immer: Wie kann ich für mich selber wahrhaftig bleiben und doch in meinem Fach fördernd wirken? Die für alle geltende Einsamkeit zu lindern und sich gegenseitig zu ermutigen und zu fördern, war am Ende der sechziger Jahre der Grund, die Initiative zu ergreifen und einen Aufruf zu richten an alle Kollegen, die man in derselben Situation wußte.

In Holland war eine »Vrije Hoggeschool« in Driebergen-Zeist gegründet worden, die als Keim für eine zukünftige eigene Hochschultätigkeit gedacht war. Obwohl nach dem Gesetz eine volle Hochschulgründung stattgefunden hatte, wußten die Begründer, daß wir mit unseren anthroposophischen Wissenschaftlern keine Fakultät vollständig besetzen könnten. Und so wurde beschlossen, anzufangen mit einem propädeutischen Jahr und mit »post-graduate« Kursen. Das war die harte Realität der Situation: Die Gründungszusammenkünfte fanden in Driebergen in der »Vrije Hoggeschool«, die Gründung der FEAW am 8. Juli 1976 statt.

Die erste Partizipantenliste zählte 63 Gründungsmitglieder aus Deutschland, den Niederlanden, Belgien, Frankreich, der Schweiz, Dänemark, Norwegen, Finnland und den USA. 40 Teilnehmer konnten den Satzungsentwurf, dem holländischen Recht angepaßt, in Driebergen unterzeichnen. Die ordentlichen Mitglieder der Akademie sind Partizipanten der Stiftung. Als freie geistige Einrichtung gab sich die Akademie ihre Ordnung selbst.

Als erster Vorstand wurden gewählt (in alphabetischer Reihenfolge): Prof. Dr. H. Hensel, Priv. Doz. Dr. G. Kienle, Prof. Dr. M. Kriele, Prof. Dr. B. C. J. Lievegoed, Prof. Dr. C. J. Zwart.

Folgende Themen stellte man sich zur Aufgabe:

1. Welche rechtlichen, administrativen und organisatorischen Konsequenzen hat das Prinzip der *Freiheit von Lehre und Forschung*?
2. Was ist eine *Tatsache* im Sinne der Erkenntnistheorie und der Naturwissenschaft?

Mit dieser Gründung war eine Idee, eine Geistrealität »inkarniert«. Die Idee hatte einen Leib gefunden. Natürlich konnte es nicht ausbleiben, daß sich bei der Vielzahl der kompetenten Persönlichkeiten auch mancherlei Schwierigkeiten ergaben.

Bald zeigten sich zwei Strömungen: Die eine wollte sich der reinen Gründungsidee bleibend und in gegenseitiger Befruchtung und Ermutigung widmen. Es wurden Begegnungen, Arbeitsgremien, interne und öffentliche Tagungen sowie Publikationen geplant. Die andere sah die FEAW als Fundament und Unterstützung für eine vollständige Universitätsgründung. Die erste Gruppe fand, daß für letztere in der heutigen Situation zu viele Kompromisse zu machen wären.

In vielen Vorstandssitzungen wurde dieser Kampf in aller Öffentlichkeit und Freundschaft durchgesprochen. Man suchte immer nach Verwirklichung beider Willensrichtungen. Dabei blieb die Idee der FEAW das tragende Element und zeigte gleichsam einen starken Lebenswillen. Individualitäten wie die Drei, die leider von uns gegangen sind, sorgten schon dafür.

Die erste große öffentliche Tagung mit vielen geladenen Teilnehmern und Rednern war ein freudiger Erfolg. Alle folgenden, meist internen Tagungen waren bescheidener. Es ist auch schwierig, bei so unterschiedlichen Fach- und Interessenrichtungen für alle etwas Gemeinsames zu finden, für das es sich lohnt, aus Norwegen, Italien und Amerika anzureisen. Auch die interne wissenschaftliche Korrespondenz war noch recht spärlich, trotz der Bemühungen des Sekretärs.

So mußte vieles noch erlernt werden. Doch war die innere Zielrichtung durch die allen gemeinsame anthroposophische Geisteswissenschaft stets gegeben. Der Antrittsvortrag für einen Lehrstuhl der Philosophie der Naturwissenschaften fing dieser Tage an mit den Sätzen: »Naturwissenschaftler verlieren sich in einer gewissen Naivität über den Modellcharakter dieser Wissenschaften. Ein Modell ist eine Annahme von der

Wirklichkeit, ein Werkzeug, um diese beschreiben zu können. Die Neigung, Modelle zu verwechseln mit der Wirklichkeit, worauf sie gerichtet sein wollen, *ist naiv*.« Auch Hensel hat in seinem Beitrag mit ähnlichen Worten darauf hingewiesen.

Für den anthroposophischen Naturwissenschaftler sind Kräfte Wesen. Dabei ist zu unterscheiden zwischen den Welten der Dauer und der Entwicklung. Die Hierarchien dienen der Dauer und vertreten jede eine Qualität. Die Geister der Liebe sind Liebe und sind immer da, wie die Geister der Weisheit und der Bewegung. Entwicklung tritt auf in der Welt des Lebens auf Erden, wenn die »Zeit« eintritt in die Raumeswelt.

So haben Biologie und die Wissenschaften vom Menschen, wozu die sozialen Wissenschaften gehören, immer mit Dauer *und* Entwicklung zu tun. Die Geisteswissenschaften leiden heute unter dem Zwang, sich quantitativ beweisen und ihre qualitative Forschung statistisch belegen zu müssen, da das Denken subjektiv und unzuverlässig sei. Aber gerade auf diesem prinzipiellen Gebiet können wir uns gegenseitig begegnen und unterstützen.

Drei der bedeutendsten Gründungsmitglieder der FEAW gingen nach wenigen Jahren von uns: Herbert Hensel, die scheinbar gutmütige Bärengestalt, der aber in der Diskussion und im Einsatz absolute Treue zur Wahrheit zeigte. Karl-Ernst Schäfer, der Leiter eines Marine Forschungs-Labors in den USA, der seine Geistesschülerschaft in seine Experimente hineintragen konnte und der uns viele interessierte Persönlichkeiten nach Europa mitbrachte. Und »last but not least« unser Freund Gerhard Kienle, der unablässige Kämpfer für Herdecke und für die Heilmittelfreiheit. Wenn Kienle ein Thema aufgriff, ließ er es nicht mehr los, bis in die Gefahr hinein, Einzelgänger zu werden. Rudolf Grosse dankte ihm im Goetheanum, der Freien Hochschule für Geisteswissenschaften in

Dornach, nach einer flammenden Rede über den Heilmittelkampf mit den Worten: »Wir danken Herrn Kienle für seinen Beitrag. Wir sind froh, daß wir einen Herrn Kienle haben! Wir sind aber auch froh, daß wir nur *einen* Herrn Kienle haben!« Kienle war atemberaubend, in allem was er tat: Gleichgültig ob man einig war oder nicht, man mußte ihn lieben, auch im Gedankenkampf.

Kienle war mit Hensel, der nach mir den Vorsitz der FEAW energiegeladen übernahm, die Lebenssubstanz der FEAW; beide haben die Akademie durch die ersten Wachstumskrisen hindurchgetragen.

Und jetzt schauen wir auf die Zukunft: Neue Freunde werden die Führung übernehmen, denn auch wenn es Phasen gibt, in denen anscheinend relativ wenig passiert – in der Entwicklung gibt es immer Zeiten der scheinbaren Ruhe, in denen Kraft und Substanz gesammelt wird; und dann plötzlich wieder Phasen der Aktivität nach außen.

Die Ausgangspunkte der FEAW werden bestehen bleiben, ob Menschen sie ergreifen oder nicht. Sogar wenn die FEAW zugrunde ginge, würde nach einiger Zeit wieder eine neue gegründet werden, denn sie ist eine Notwendigkeit im großen Geisteskampf gegen den einseitigen Materialismus. Jeder einzelne steht darin ungeschützt, nur gemeinsam sind wir ein Organ für den siegreichen Zeitgeist.

B. C. J. Lievegoed

GERHARD KIENLE

ZUM LEBENSWERK GERHARD KIENLES

geboren am 22. November 1923
verstorben am 2. Juni 1983

Das Lebensziel von Gerhard Kienle war die Entfaltung eines freien christlichen Menschentums. Die Krönung seines Lebenswerks war sicher die Eröffnung der Universität Witten/Herdecke, die er vom Krankenbett aus noch verfolgen konnte. Der Bogen seines wissenschaftlichen Wirkens spannt sich von Untersuchungen der Hirn- und Rückenmarksflüssigkeit (Liquor cerebro spinalis) bis hin zur »Philosophie Jesu«, wozu er ein Rohmanuskript in den letzten Monaten seines Lebens erstellte, das unter dem Titel »Die ungeschriebene Philosophie Jesu« im Verlag Urachhaus erschienen ist.

Persönliche Urteilskraft, Ideenfähigkeit und Gestaltungswille sowie ein unbedingtes gesellschaftliches Engagement zeichneten alle seine Tätigkeiten aus. Kienle gehörte zu jenen Menschen, aus deren Leben wir lernen können, daß die Unabhängigkeit des eigenen Standpunktes nicht eine Frage äußerer Mittel, sondern eine Frage des Engagements an der Wahrheitsfrage ist.

So war auch die Anthroposophie Rudolf Steiners – mit der er sich seit seinem 18. Lebensjahr beschäftigte – für ihn immer eine Herausforderung zur Gewinnung eines eigenen Urteilsstandpunktes und nie Bekenntnisinhalt. In einer jeden Finalisierung der Wahrheit sah er die Aufgabe der persönlichen Erkenntnisbemühung und die Gefahr, daß Inhalte durch Verfahren ersetzt würden.

Aufgrund seines freien persönlichen Standpunktes konnte

er die Brücke zu vielen Wissenschaftlern schlagen, wobei er sowohl in der sachlichen Kontroverse als in der sachlichen Übereinstimmung die gegenseitige Förderung sah. Zu vielen Menschen hatte er ein persönliches Verhältnis aufgebaut, und viele junge Menschen haben entscheidende Lebensimpulse durch ihn erhalten.

Gerhard Kienle wurde in Madrid geboren und verlebte seine Kindheit in Spanien und Guatemala. Als Dreizehnjähriger ging er nach Berlin, um das Abitur abzuleisten. Danach trat er in die Militärakademie ein, um sich den Fallschirmjägern zustellen zu lassen, mit der inneren Überzeugung, daß, falls das Naziregime den Krieg gewinnen würde, eine Revolution von der Elitetruppe her möglich sei.

Schon während der Kriegsjahre beschäftigte sich Kienle mit der Anthroposophie Rudolf Steiners.

1945 – nach seiner Verwundung – gründete er als Medizinstudent in Tübingen die anthroposophische Studentengruppe. 1948 legte er das medizinische Staatsexamen ab und promovierte zum Dr. med. in Tübingen. Er war danach Assistent am physiologischen Institut der Universität in Tübingen und beschäftigte sich ausführlich mit dem Nervensystem. Nach dreijähriger heilpädagogischer Tätigkeit in entsprechenden Einrichtungen in der Schweiz ging Kienle 1953 zurück nach Tübingen, um Assistent an der Universitätsklinik für Nerven- und Gemütskrankheiten bei Prof. Dr. Ernst Kretschmar zu werden. Er entwickelte sich rasch zu einem brillanten klinischen Neurologen, dessen Kompetenz allseitige Anerkennung fand.

Ende der 50er Jahre begann Kienle, sich mit den optischen Wahrnehmungsstörungen des Menschen zu beschäftigen und sie empirisch zu untersuchen. Er knüpfte dabei an Vorarbeiten und Gedanken von Johannes Müller an, mit dessen Werken er sich vertraut gemacht hatte. Die theoretische Lösung, daß der Sehraum als nichteuklidisch zu beschreiben ist und daß das intentional tätige Ich in diesem nichteuklidischen Raum sich gleichsam bewegt, legte er in einer 1966 erschienenen Habilitationsschrift vor. Das Unverständnis der zuständigen Kollegen für diese Gedankengänge verzögerte das Verfahren, zumal weder sein damaliger Chef – Kienle war seit 1964 1. Oberarzt der neurologischen Abteilung am Krankenhaus Nordwest, Frankfurt, geworden – noch sein früherer Lehrer ihn dabei unterstützten. Erst das Interesse der amerikanischen Weltraummediziner an Ergebnissen der Kienleschen Arbeiten brachte das Habilitationsverfahren als freies Habilitationsverfahren zum Fortgang und 1966 zum Abschluß mit der Habilitation. In diese Schaffensperiode fällt auch die Herausgabe der neurologischen Notfalltherapie, die zwei Jahre später ins Spanische übersetzt wurde.

1969 eröffnete Kienle das Gemeinnützige Gemeinschaftskrankenhaus Herdecke.

Seit dem Anfang der 70er Jahre – der Stellung nach leitender Arzt der Abteilung für Neurologie am Gemeinschaftskrankenhaus und zugleich gewählter Sprecher des Kollegiums der leitenden Ärzte am Gemeinschaftskrankenhaus – griff er in die Auseinandersetzung um die Arzneimittelsicherheit und um das Arzneimittelgesetz in der Bundesrepublik ein. Er entfachte eine Grundsatzdiskussion um den klinisch kontrollierten Versuch sowie die Aussagekraft des Tierversuches. Man darf sagen, daß die Neufassung des Arzneimittelgesetzes von 1976 von ihm mitgeprägt worden ist. Zunehmend beschäftigte er sich mit Grundfragen der Medizin und deren Erkenntnisgewinnung, der Aussagekraft der Statistik, dem Erfahrungsbegriff. Stark war er immer philosophiegeschichtlich, biographisch und allgemein historisch interessiert.

Gerhard Kienle war nie ein müßiger Zuschauer des Weltgeschehens, sondern immer engagiert, immer das Gegenbild eines Privatgelehrten. Die Angehörigen der Universität Witten/Herdecke werden im Geiste von Karl-Ernst Schäfer, Herbert Hensel und Gerhard Kienle arbeiten, wenn sie unter Hintanstellung persönlicher Vorteile in intellektueller Redlichkeit Wahrheitswillen und christliches Engagement der Welt gegenüber entwickeln.

Diether Lauenstein

FORMALISIERUNG UND URTEILSKRAFT*

Gerhard Kienle

Ausgangspunkt und Ziel der Medizin – und damit auch der therapeutischen Forschung – ist die persönliche Hilfeleistung des Arztes für den einzelnen Erkrankten. Er behandelt nicht nur Populationen, sondern immer einzelne Patienten, wobei er aufgrund der Beurteilung des individuellen Verlaufes therapeutische Maßnahmen ergreifen und auch modifizieren muß. Die medizinische Wissenschaft kann sich ausschließlich dadurch rechtfertigen, daß sie dem Arzt ein Instrumentarium gibt, mit dem er die Krankheitssituation besser erfassen, den Verlauf besser beurteilen und die für den konkreten Fall jeweils bestmögliche therapeutische Maßnahme ergreifen kann. Aus der Gegenüberstellung von Erwartung und Erfolg bildete sich bislang die ärztliche therapeutische Erfahrung. Diese ärztliche Urteilsbildung – der wir zumindest die Grundlagen der gegenwärtigen Medizin verdanken – ist irrtumsanfällig. Zur Vermeidung dieser Irrtümer wurde vor einigen Jahrzehnten mit dem kontrollierten klinischen Therapieversuch ein neues Element der Erkenntnisgewinnung eingeführt: das geplante Experiment mit kalkulierbarer Irrtumswahrscheinlichkeit. Durch konsequente Formalisierung und Elimination aller subjektiven Faktoren wurde diesem Verfahren Objektivismus und Übertragbarkeit zugedacht. Seitdem wird zwischen ärztlicher Urteilsbildung und formalen Ergebnissen unterschieden.

* Vortrag Schloß Hugenpoet, 16. 11. 1979

Überla (1) hat anläßlich des Symposiums der Paul-Martini-Stiftung am 8. 2. 1978 in Bad Nauheim diesen Gegensatz so charakterisiert, daß er unter »subjektivem Wissen« »die Annahme und Überzeugung eines Arztes« verstand, »daß eine Behandlung hilft aufgrund einer nicht näher definierten ›Erfahrung‹. Dieses subjektive Wissen – man kann auch von Glauben sprechen – hat der Medizinmann im Busch über seine Riten ebenso aufgrund seiner Erfahrung. Es ist nötig für die Behandlung, es ist oft das einzige, was wir haben, es ist entscheidend wichtig als allererste Stufe im Erkenntnisgewinnungsprozeß. Es wird übertragen auf andere Ärzte durch subjektive Überzeugung, die Übernahme erfolgt durch Glauben.« Das objektive Wissen ist nach Überla »... dadurch gekennzeichnet, daß es empirisch fundiert ist durch nachprüfbare Beobachtungen, die in ihren Ergebnissen wiederholbar sind. Es läßt sich durch Messen und Zählen nach statistischen Regeln fassen, und es ist in Grenzen verallgemeinerbar ... Es gibt keinen Zuwachs unseres objektiven Wissens ohne kontrollierte klinische Prüfungen.«

Der klinischen Beobachtung kommt also nur die Generierung von Hypothesen zu; objektives Wissen entsteht ausschließlich durch die kontrollierte Prüfung. Nun berufen sich viele Befürworter des kontrollierten klinischen Versuchs auf Popper. Im Sinne des kritischen Rationalismus ist aber noch ganz ungeklärt, wie probalistische Aussagen wissenschaftstheoretisch überhaupt zu bewerten sind. Die Behauptung, daß der kontrollierte Versuch ein beweisendes Verfahren im Sinne des Rechtfertigungsdenkens sei, würde ja von Popper eben grundsätzlich abgelehnt werden. Im Sinne des Wissenschaftshistorikers und -theoretikers T. S. Kuhn jedoch, dessen Gesichtspunkte zur Wissenschaftsentwicklung (2) heute von allen philosophischen Richtungen als ein wichtiger Beitrag anerkannt werden, vertritt Überla in klassischer Weise ein sogenanntes Paradigma. Die darauf beruhende, aber nirgends näher definierte »Methodenlehre der klinischen Statistik« ist die Basis für die auf dem Paradigma beruhende medizinische »Normalwissenschaft«, die wir seit einigen Jahrzehnten haben. Sie ist durch eine ständig wachsende Zahl kontrollierter Prüfungen gekennzeichnet. Dabei fällt auf, daß das neue methodologische Konzept zunächst (d. h. in den fünfziger und sechziger Jahren) praktisch nicht hinterfragt wurde, was durchaus in das Kuhnsche Konzept der Wissenschaftsentwicklung hineinpaßt. Erst in den siebziger Jahren geriet das neue Paradigma in Schwierigkeiten: in den USA insbesondere durch Feinstein (3), in Deutschland u. a. durch unsere Untersuchungen (z. B. 4, 5). Im Sinne von Popper (6) handelte es sich dabei um – wie ich meine – erfolgreiche Falsifikationsversuche des neuen Konzeptes. Worin besteht die Falsifikation?

Sie besteht z. B. einfach schon darin, daß die Versuche nicht fehlerfrei durchführbar sind. Eines der instruktivsten Beispiele aus jüngster Vergangenheit ist die WHO-Studie zur prophylaktischen Wirksamkeit von Clofibrat bei koronaren Risiken (7). Eine statistische Operation kann schon deshalb kein beweisendes Verfahren sein, weil sie nur zu Wahrscheinlichkeitsaussagen führt, aber im Sinne des Rechtfertigungskonzeptes fehlt die Sicherheit aller Basissätze. So entfällt die statistische Übertragbarkeit und Verallgemeinerbarkeit, weil grundsätzlich keine Stichproben gezogen werden können. Die Validität der Erfolgsparameter läßt sich wegen des infiniten Regresses, der sich durch Anwendung formaler Kriterien ergibt, nicht schätzen, so daß sich »nützlich« und »schädlich« sogar vertauschen können. Da Krankheit und Gesundheit keine Meßgrößen sind, ist eine direkte Messung grundsätzlich nicht möglich. Dies nur als Hinweis. Die Liste der falsifizierenden Fakten ließe sich sowohl verändern als auch differenzieren.

Die Falsifikationen bleiben für den Wissenschaftsbetrieb praktisch wirkungslos, da die das Paradigma vertretende wissenschaftliche Gemeinschaft kein erfolgversprechenderes Alternativparadigma erfassen konnte und auch von den Kritikern zunächst keines formuliert wurde. Trotz aller Kritik erschien der kontrollierte Versuch noch immer als das schärfste Erkenntnisinstrument, denn nur ihm spricht man Objektivität zu. Aus dieser Darstellung könnte der Eindruck entstehen, daß wir einen Paradigmenwechsel im Sinne von Kuhn für fällig halten. Wir halten in der Tat einen Paradigmenwechsel für fällig, jedoch nicht im Sinne von Kuhn. Die von Kuhn richtig beschriebenen und in der methodologischen Diskussion der letzten Jahre auch festzustellenden Verständigungsschwierigkeiten, die auf unterschiedlichen, wenn auch nicht ausgesprochenen Paradigmen beruhen, sollten nicht vergrößert, sondern abgebaut werden. Wer allgemein oder speziell nach der Suffizienz der Verfahren des kontrollierten klinischen Versuches fragt, entfernt sich bereits aus der Normalwissenschaft. Wer aber gegenwärtig nicht (mehr) zu der von der Wissenschaftlergemeinschaft getragenen Normalwissenschaft gehört, gilt schon dadurch als unwissenschaftlich, und das existentielle Risiko einer solchen Sanktion ist zumindest in der Bundesrepublik für einen Wissenschaftler, der in irgendeiner Form auf Zustimmung und Begutachtung für Berufungen, Forschungsprojekte etc. angewiesen ist, außerordentlich hoch. Selbst wenn es durch eine Vielzahl von Privilegierungsmechanismen und Sanktionen aller Art noch gelingen kann, das Monopol des bestehenden Paradigmas möglichst lange aufrechtzuerhalten, so muß doch die Frage gestellt werden, in welcher Richtung eine sinnvolle Veränderung zu suchen ist.

Der kritische Rationalismus, wie er von Popper (6) konzipiert und von Lakatos (8) weitergeführt wurde, führt bei Feyerabend (9) und insbesondere bei Spinner (10) zum Konzept des Theorienpluralismus. Der kritische Rationalismus hat überzeugend herausgearbeitet, daß Theorien – auch methodologische Theorien – nicht positiv beweisbar sind; sie können sich nur bewähren. Inwiefern eine Theorie sich bewährt hat oder nicht, kann um so präziser gefaßt werden, je mehr konkurrierende Theorien es gibt.

Der Schritt zum Theorienpluralismus bedeutet, daß auf ein Erkenntnisobjekt mehrere Erkenntnismethoden angewandt werden können. Hier sollen Erkenntnismethoden im Sinne des kritischen Rationalismus als methodologisch falsifizierbare Theorien bezeichnet werden. Im folgenden soll unter »Theorienpluralismus« zwar immer der Methodenpluralismus verstanden werden, es wird aber die pluralistische Behandlung der Denkmodelle in der Medizin mit berücksichtigt werden. Ein Nachteil des Theorienpluralismus, wie er gegenwärtig vertreten wird, besteht jedoch darin, daß er im allgemeinen durch verschiedene Personengruppen, durch verschiedene wissenschaftliche Gemeinschaften realisiert wird. Ein neuer und für die Medizin wichtiger Schritt wäre die Vereinigung des Theorienpluralismus in den einzelnen wissenschaftlich Tätigen oder in einer Wissenschaftlergruppe, so daß diese – im Sinne des Stegmüller'schen Konzeptes der personalen Wahrscheinlichkeit – mit einem entscheidungstheoretischen Begriff wie *eine* Person entscheiden kann. Nur dadurch erscheint es möglich, den Verständigungsschwierigkeiten zu entgehen, die immer wieder zu beobachten und wissenschaftstheoretisch durch die Einseitigkeit der vertretenen Positionen zu erklären sind. Mit Hilfe des methodischen Pluralismus kann insofern ein neues Bewußtsein der Erkenntnislage entwickelt werden, als geprüft werden kann, in welcher Hinsicht die verschiedenen Methoden zu gleichen bzw. konvergierenden Ergebnissen kommen, wo Anomalien auftreten und welche Aspekte jeweils nicht erfaßt werden können. Das Erforschen der Gründe für Anomalien, weiße Flecken und Widersprüche macht nur die Notwendigkeit der weiteren Methodenkomplettierung deutlich.

Es ist ja nun nicht so, daß es in der Vergangenheit keinen Theorienpluralismus gegeben hätte. Ohne ihn gäbe es vielleicht Statistiker und Pharmakologen, aber sicher keine praktikable Medizin. Durch die paradigmenbedingte Diskriminierung oder Kryptomnesie sind andere methodische Ansatzpunkte gewissermaßen unsichtbar geworden. Martini vertrat den kontrollierten Versuch nur für akute Erkrankungen; für chronische praktizierte er die Methode der Intervention unter Bedingungen des linearen Verlaufes. Wenn also ein steady state einer chronischen Erkrankung erreicht ist, läßt sich aus der Änderung der Verlaufsdynamik der Einfluß des Arzneimittels ablesen.

Die Dosierung der Herzglykoside hat erst eine vernünftige Gestaltung bekommen, als die Methode der »Dosis efficax minima« eingeführt wurde. Man hatte eine therapeutische Erwartung und titrierte die Dosierung, bei der die therapeutische Erwartung erfüllt wurde. Die Spannweite von der geringsten bis zur höchsten Minimaldosis betrug bei allen Glykosiden den Faktor 6. Als man von diesem Konzept, das von Martini, Battermann und Spang vertreten wurde, abging und zum Konzept der mittleren Tagesdosis und der sogenannten Vollsättigungsdosis griff, erreichte man Intoxikationsquoten bis zu 20%.

Es gehört zu den klassischen Anomalien des geltenden Paradigmas, daß es keine kontrollierten klinischen Versuche zum

Nachweis der Wirksamkeit von Herzglykosiden gibt und auch die stringentesten Vertreter dieses Paradigmas nicht bereit sind, solche Versuche durchzuführen, weil sie – entgegen dem Paradigma – eben doch an die Wirksamkeit der Herzglykoside glauben. Typisch für diese Anomaliesituation ist die Empfehlung des ansonsten konsequent paradigmatreuen Essener Gastroenterologen Goebell zur Pankreatitistherapie (11): »Obwohl der Nutzen einer Nulldiät bisher nicht kontrolliert untersucht wird, zweifelt niemand an dem Sinn dieser Maßnahme.«

Aus dem Konzept der therapeutischen Erwartung hat nun Feinstein (12) weitere Konsequenzen gezogen. Er untersuchte den Rheumatismus und verschiedene Karzinomarten unter dem Gesichtspunkt der Symptomatik, Diagnostizierbarkeit, Therapierbarkeit und Prognose. In Abb. 1 demonstriert Feinstein in einem Venn-Diagramm die Kategorien Verborgenheit, primäre und sekundäre Symptome, Entdeckung während des Lebens, durch Sektion und bleibende Unentdecktheit. In Abb. 2 erläuterte er die Erfaßbarkeit dieser Situation in Abhängigkeit vom jeweiligen Standpunkt aus. Damit deutet er das pluralistische Konzept an. Wenn er ein Diagnosensystem entwirft, das nicht beim pathologisch-anatomischen Standpunkt stehenbleiben will, sondern Klassifikationen unter dem Gesichtspunkt der Prognose und Therapierbarkeit vertritt, so setzt er gerade die Beurteilbarkeit des Therapieerfolges voraus, die das geltende Paradigma leugnet.

Es ist ein wesentliches Charakteristikum des geltenden Paradigmas, das eine Bewährung der Ergebnisse kontrollierter Versuche in der praktischen Anwendung nicht zugelassen wird. Weil ein in den Stand der Wissenschaft erhobenes therapeutisches Prinzip durch den Monopolanspruch alle Alternativen verdrängt oder sie diskriminiert, finden keine Korrekturen statt. Das ganze Dilemma zeigte sich in einer Erhebung, die Pflanz kürzlich durchführte: Es ergab sich, daß unter den Lipidsenkerverbrauchern 80% sogenannte Laborkranke waren, die außer einem gelegentlich zu hohen Blutfettspiegel keine Krankheiten aufwiesen. Ein anderes Beispiel: Es gibt nur eine einzige Arbeit über den prophylaktischen Wert von Penicillin zur Senkung der Inzidenz von rheumatischer Karditis bei Scharlach. Seither wird jeder rote und verschleimte Rachen mit Antibiotica behandelt, auch wenn ein bakterieller Infekt praktisch auszuschließen ist, wie kürzlich in einer Veröffentlichung in JAMA zu lesen war (13). Wenn dem Arzt die Kompetenz zur therapeutischen Urteilsbildung entzogen wird, verschlechtern sich Diagnostik und Therapie durch die Inaktivitätsatrophie seiner Urteilskraft.

Die Akzeptanz des Methodenpluralismus würde bedeuten, daß man zuallererst für den Stand des akzeptierten Wissens und der erkannten Fehler untersucht, mit welchen Methoden und mit welchen Erkenntnisvoraussagen man zur Erkenntnis der Wirksamkeit z. B. von Herzglykosiden, Insulin, Nitroglyzerin, Diuretika etc. tatsächlich gekommen ist. Es gibt ja auch eine ganze Reihe von Medikamenten, die zunächst klinisch geprüft und nachher durch kontrollierte Versuche verifiziert worden sind, wie dies z. B. bei Lithium bekannt ist. Der Arzt muß sich darin üben, eine individuelle Prognose zu stellen, eine differenzierte therapeutische Erwartung zu präzisieren und die unter mehreren Alternativen gewählte Therapie am erwarteten Erfolg zu kontrollieren, sonst kann er ja seinen Behandlungsauftrag letztlich nicht erfüllen. Er darf keinem Ergebnis einer therapeutischen Studie trauen, bis er sich ein eigenes Urteil gebildet hat.

Der intraindividuelle Theorienpluralismus kann zur Urteilskraft führen, wenn man nicht nur berücksichtigt, wie sich ein Sachverhalt durch eine Methode erfassen läßt, sondern

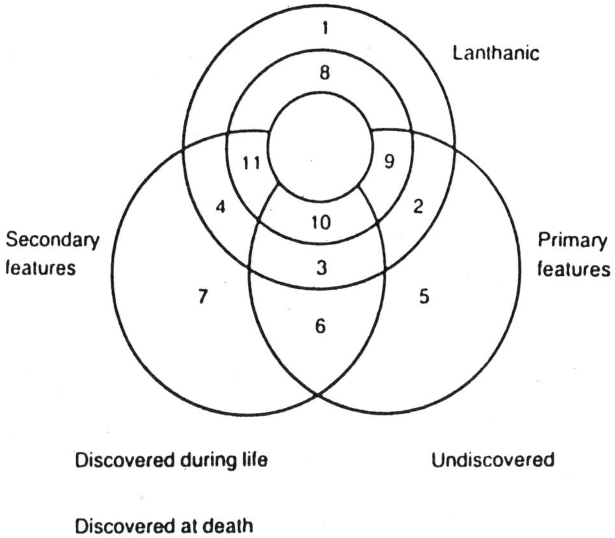
1
Lanthanic
8
11
9
4
2
10
Secondary
features
3
Primary
features
7
5
6
Discovered during life
Undiscovered
Discovered at death
Abb. 1

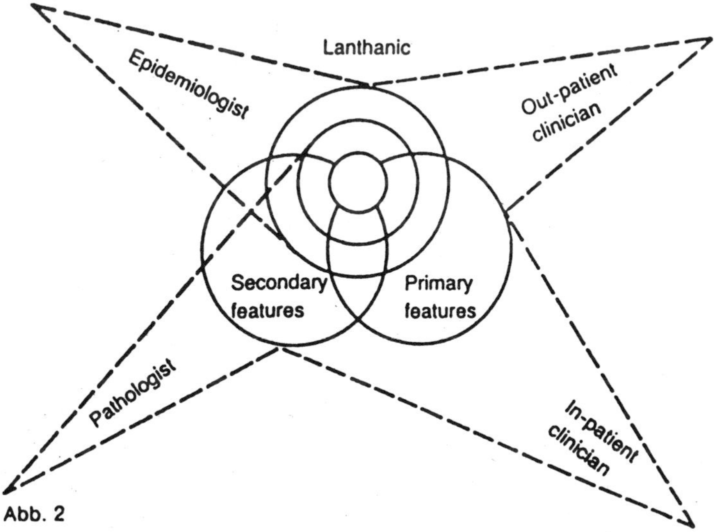
Lanthanic
Epidemiologist
Out-patient
clinician
Secondary
features
Primary
features
Pathologist
In-patient
clinician
Abb. 2

auch die Veränderung seiner Darstellbarkeit durch Wechsel der Methoden einbezieht. Das Bewußtsein der Abhängigkeit der Bildveränderung durch Standpunktwechsel von der eigenen Beweglichkeit entspricht dem Gegenstandsbewußtsein aufgrund der Koinzidenz der intendierten Selbstbewegung und der Veränderungen der Sinneseindrücke. Die Objektivität entsteht also erst durch das Bewußtsein der eigenen intendierten Tätigkeit. Das heißt, das Bewußtsein des Verhältnisses der unterschiedlichen Methoden zueinander und die Kenntnis, welche Aspekte des Sachverhaltes sie jeweils erfassen oder verfälschen können, ermöglicht Urteilskraft. Die Sicherheit ergibt sich aus dem Bewußtsein der eigenen Bewegung im Standpunktwechsel, während die Formalisten die Sicherheit in der Perfektionierung ihrer Begriffssysteme und Definitionen suchen und damit zwangsläufig einen Entscheidbarkeitsverlust in Kauf nehmen müssen.

Das neue Paradigma des Theorienpluralismus muß zu einer andersartigen paradigmentragenden Gemeinschaft führen. Weil der intraindividuelle Methoden- und Theorienpluralismus mit Notwendigkeit auf weiße Flecken stößt, wird er den interindividuellen Pluralismus erfordern. Das heißt, neue Mitglieder der Wissenschaftlergemeinschaft werden um so notwendiger sein, je mehr sie durch grundsätzlich neue methodische oder theoretische Ansätze den Pluralismus erweitern: Jede methodische oder theoretische Erweiterung führt zur Verschärfung und Zuspitzung der Urteilskraft.

Dieser intraindividuelle Pluralismus hat Analogien in der gegenständlichen Sinneswahrnehmung: Das einäugige Sehen führt selbst durch noch so raffinierte Linsensysteme nicht zum räumlichen Sehen. Mit der beidäugigen konvergierenden Wahrnehmung verbessert sich die Leistung für den orthostereoskopischen Raum, mit der Akkomodation und Bewegungsparallaxe sowie mit Helligkeitsunterschieden durch unterschiedliche Trübung durch den Dunst verschärft sich die Präzisierung der Entfernung und damit auch der Größeneinschätzung.

Der kontrollierte Versuch verhält sich zum intraindividuellen Theorienpluralismus wie das einäugige zum freibeweglichen beidäugigen Sehen, denn der für die Formalisierung notwendige Reduktionismus führt zur Erhöhung der Entropie und damit zum Entscheidbarkeits- und Informationsverlust. Anders ausgedrückt: Es wird die scheinbar erhöhte Sicherheit der Verfahren durch Verlust an Information und Wahrheitsnähe erkauft.

Man muß nun streng unterscheiden zwischen dem kontrollierten klinischen Versuch als Paradigma und der Neyman-Parson'schen Testtheorie – die dem kontrollierten klinischen Versuch zugrunde liegt – als einer verfügbaren Methode, die im Rahmen eines Theorienpluralismus immer dann zur Anwendung kommen kann, wenn es zureichende Gründe dafür gibt. Der kontrollierte klinische Versuch steht hier für das Paradigma, daß Wissen nur aufgrund formalisierter Verfahren unter Ausschluß individueller Wahrnehmungsurteile möglich ist. Erst durch ein pluralistisches Konzept kann erkennbar werden, daß formale Systeme nur nach Maßgabe der Sicherheit individueller Wahrnehmungsurteile aussagefähig sind. Das heißt, ihre Anwendbarkeit wird überhaupt erst durch den Pluralismus ermöglicht. Erst aufgrund der Klassifikation nach Therapierbarkeit und des intuitiv richtigen Erfassens der Diagnosen können die Versuchsgruppen richtig zusammengestellt werden; erst durch das richtige Beurteilen der Bedeutung von Parametern für die Gesamtsituation der Krankheit und durch das präzisierte Verständnis des Verhältnisses der Parameter untereinander ist überhaupt die Basis für die Anwendbarkeit des kontrollierten Versuchs gegeben. Ohne bewußten und präzisen Einsatz der individuellen Urteilskraft und subjektiver Wahrscheinlichkeiten hängen formale Systeme im luftleeren Raum. Der kontrollierte klinische Versuch würde sich ohne Paradigmenwechsel bei voller Durchsetzung seiner Privilegierung den Ast am Baume wissenschaftlicher Erkenntnis absägen, auf dem er sitzen möchte. Erst der Methodenpluralismus und die individuelle Urteilskraft eröffnen formalen Systemen dort, wo sie angebracht sind, die Chance, Wissenschaft zu werden.

Literatur

(1) Überla, K.: Inhalt und Notwendigkeit kontrollierter klinischer Prüfungen aus wissenschaftlicher und ärztlicher Sicht, in: Kontrollierte klinische Therapieversuche. Interdisziplinäres Gespräch zwischen Klinikern, Pharmakologen, Statistikern und Juristen. Bad Nauheim, 8. Februar 1978. Paul-Martini-Stiftung der Medizinisch-Pharmazeutischen Studiengesellschaft e. V.

(2) Kuhn, T. S.: Die Struktur wissenschaftlicher Revolutionen. Suhrkamp-Taschenbuch, Wissenschaft 25, Frankfurt 1978

(3) Feinstein, A. R.: Clinical Biostatistics. C. V. Mosby Comp. St. Louis, 1977

(4) Kienle, G.: Kritische Überprüfung der Voraussetzungen für ein neues Lebensmittelrecht, Herdecke, Oktober 1975

(5) Burkhardt, R.; G. Kienle, M. Patzlaff, K. Schreiber: Welche Konsequenzen können aus der Clofibratstudie der WHO gezogen werden?
Münch. med. Wschr. Suppl. 1/1979, 10–29

(6) Popper, K. R.: Logik der Forschung. J. C. B. Mohr (Paul Siebeck), Tübingen 1976

(7) A cooperative trial in the primary prevention of ischaemic heart disease using clofibrate. Brit. Heart J. 40 (1978) 1069–1118

(8) Lakatos, I.: Falsifikation und Methodologie wissenschaftlicher Forschungsprogramme, in: Kritik und Erkenntnisfortschritt, Hrsg. I. Lakatos u. A. Musgrave. Vieweg, Braunschweig 1974

(9) Feyerabend, P. K.: Der wissenschaftstheoretische Realismus und die Autorität der Wissenschaften. Kap. 10: Von der beschränkten Gültigkeit methodologischer Regeln. Vieweg, Braunschweig/Wiesbaden 1978

(10) Spinner, H. F.: Pluralismus als Erkenntnismodell. Suhrkamp Taschenbuch, Wissenschaft 32, Frankfurt 1974

(11) Goebell, H. u. J. Hotz: Akute Pankreatitis – Gesichertes und Ungesichertes in der Behandlung. Dtsch. Ärzteblatt, Nr. 38/1979, 2399–2405

(12) Feinstein, A. R.: Clinical Judgement. R. E. Krieger Publ. Comp., New York 1967

(13) Greenberg, R. A. et al.: Physicians' Opinions on the Use of Antibiotics in Respiratory Infections. JAMA 240 (1978) 650–653

Aus: K. D. Bock und L. Hoffmann: Arzneimittelprüfung am Menschen. Ein interdisziplinäres Gespräch. 3. Essener Hypertonie-Kolloquium, Schloß Hugenpoet, 16./17. November 1979. Friedrich Vieweg & Sohn, Braunschweig/Wiesbaden. Abdruck mit freundlicher Genehmigung des Verlages.

DIE STELLUNG DER ANTHROPOSOPHIE IN DEN MEDIZINISCHEN WISSENSCHAFTEN*

Gerhard Kienle

Was ist eigentlich anthroposophische Medizin, und wie steht sie zu dem, was man heute Wissenschaft in der Medizin nennt? Wenn man die Gesamtheit der Medizin betrachtet, so ist das geistige Klima durch Zerrissenheit und Unduldsamkeit gekennzeichnet. Eine ehrwürdige Gestalt ist die Homöopathie, bestimmt durch ein methodisch sauberes und durchsichtiges Konzept. Ihre einstigen Gegner sind heute dezimiert. Die Kenntnis und Anwendung der Heilpflanzen sind alt. Heute wurde aus ihr so etwas wie eine Therapierichtung, obwohl ihr eigentlich kein gedankliches Konzept zugrunde liegt. Eine Zeitlang wurde sie getragen von einer naturheilkundlichen Strömung, die sich auch die »biologische Medizin« nannte. Dazwischen gibt es die konventionelle Medizin, die sich selber auch als »Schulmedizin« bezeichnet und als wissenschaftliche Medizin versteht, aber alles andere als »Paramedizin« verdammen möchte.

Diese konventionelle Medizin, die sich auch als naturwissenschaftliche Medizin bezeichnet, aber seit etwa 1840 unter der weltanschaulichen Herrschaft des Positivismus steht, hat ungeheure Erfolge erzielt. Keine andere medizinische Rich-

* Gerhard Kienle hat diesen Vortrag genau ein Jahr vor seinem Tod auf dem Ärztekongreß in Berlin gehalten (5. Juni 1982) und das Manuskript selbst redigiert, es wurde redaktionell gekürzt.
Das Thema des Vortrages war für Gerhard Kienle ein Leben lang wegweisend und ist heute gleichermaßen aktuell.

tung in Europa ist in ihren Erfolgen auch nur annähernd vergleichbar.

Man kann nur mit zwiespältigen Gefühlen ansehen, wie diese Medizin heute zunehmend in Frage gestellt und ihre geistige Grundlage sogar verneint wird.

Was soll nun in diesem Gewirr die anthroposophische Medizin? Kann sie diese Fragen der konventionellen Medizin nach Beweisbarkeit und Naturwissenschaftlichkeit beantworten?

Die Methode, sich gegenseitig Erfolge oder Mißerfolge, Beweiskräftigkeit oder Fragwürdigkeit der therapeutischen Erfolge aufzurechnen, ist sachlich – aber auch menschlich – fragwürdig. Die entscheidende Frage ist aber darin zu sehen, ob eine geistige Auseinandersetzung stattfindet. Wenn Medizin eine Wissenschaft ist, muß in ihr die Frage nach der Wahrheit beantwortet werden. Es muß aufgezeigt werden, wie man in der Medizin zu Erkenntnis kommt und wie man sie vom Irrtum unterscheidet.

Was findet man darüber in den Standardwerken der konventionellen Medizin? Der kontrollierte klinische Versuch wird als *die* wissenschaftliche Methode der medizinischen Erkenntnisbildung propagiert. Die Wissenschaftlichkeit sei besonders dadurch gekennzeichnet, daß man die Wahrscheinlichkeit des Irrtums genau quantifizieren könne. Die Anwendung der Statistik scheint geradezu ein Wahrheitskriterium zu sein. Im Widerspruch zu dieser Hochschätzung steht die Tatsache, daß die kontrollierten klinischen Versuche zwar sicherlich ungeheure Mengen Geld benötigt haben, aber eigentlich keine Entdeckung oder irgendeine wesentliche Entscheidung gebracht haben.

Hier entzündet sich eine Grundsatzfrage des wissenschaftlichen Selbstverständnisses: Ergibt sich die Wahrheit durch die

Anwendung einer bestimmten Methode? Kann man gewissermaßen die Wahrheit errechnen?

Über diese Grundsatzfragen, wann und wie medizinische Erkenntnis stattfindet, wird man in den Lehrbüchern der Medizin fast nichts finden. Die Frage, ob die anthroposophische Medizin eine Wissenschaft ist, entscheidet sich aber genau an dieser Grundsatzfrage, ob Wissenschaft das Ergebnis der Anwendung bestimmter Technik oder eines Erkenntnisprozesses ist.

Die Wissenschaftsbildung in der konventionellen Medizin verläuft nach dem Prinzip, daß solche Verfahren angewandt werden, die im allgemeinen oder im speziellen anerkannt sein müssen. Die Ergebnisse werden in der Regel nach ihrer Verträglichkeit mit geltenden Theorien gefiltert. Diese müssen Grundauffassungen entsprechen, die Thomas S. Kuhn »Paradigmen« nannte. Ein solches Paradigma ist z. B. die Zellulartheorie, daß Krebs eine zelluläre Erkrankung ist und mit der restlosen Beseitigung aller kranken Krebszellen der Patient wieder restlos gesund sei. Diese (sekundären) Paradigmen müssen einem zugrunde liegenden (primären) Paradigma entsprechen: Als Prinzipien der Theorien können nur physikalische, chemische oder irgendwelche technologische Konzepte anerkannt werden. Die konventionelle Medizin ist als wissenschaftliches Gebäude gegenwärtig ein Gemisch von Beobachtungen, praktischen Erfahrungen, Anwendungen von chemischen, physikalischen oder statistischen Methoden; im übrigen gilt die Intersubjektivitätstheorie der Wahrheit, wie sie z. B. Habermas vertritt. Wahr ist, was in angesehenen Zeitschriften veröffentlicht, akzeptiert und durch Nachuntersuchungen bestätigt wird und die Zustimmung der Meinungsbildner erfährt. Die Bestätigung durch Nachuntersuchungen ist aber bei kontrollierten Studien sehr begrenzt.

Dabei ist die Rolle der praktischen ärztlichen Erfahrung völlig ungeklärt. Mit der Subjektivitätstheorie der Wahrheit – daß also wahr ist, worüber ein Konsens erzielt werden kann – besteht im hohen Maße die Abhängigkeit von sozialen Interaktionen verschiedenster Art. Ludwik Fleck nennt dies »Denkkollektive«, die durch ihren gemeinsamen Denkstil bestimmbar sind.

Das um Wahrheit bemühte Individuum ist – auch existentiell – im hohen Maße der Herrschaft dieser Denkkollektive ausgeliefert. Ohne eine Erkenntnistheorie hat der Arzt aber kein objektives Kriterium für den tatsächlichen Wahrheitsgehalt einer medizinischen Aussage. Wenn man zunächst einmal bei diesem Grundproblem der konventionellen Medizin – also der Findung des wissenschaftlichen Selbstverständnisses – stehenbleibt, darf man die Frage stellen, ob die Anthroposophie bereits hier einen Beitrag liefern kann.

Die jetzt herrschende Gestalt der konventionellen Medizin setzte ihr theoretisches Konzept in der Mitte des vorigen Jahrhunderts durch, als die Bemühungen um eine Erkenntnistheorie von Kant, Fichte, Hegel und Schelling durch den Positivismus abgebrochen wurden. Der deutsche Idealismus suchte im Ich, das sich selbst im Denken erfassen kann, den Schauplatz der Erkenntnis. Der Positivismus unter Führung von August Compte lehnte diese als Metaphysik ab und akzeptierte nur noch das, was mit anerkannten Methoden – insbesondere aus der Physik und Chemie – erfaßt und in Theorien gegliedert werden kann, und die wiederum auch diesen Prinzipien entsprechen. Die Erkenntnistheorie wurde durch die Wissenschaftstheorie – als Lehre der angewendeten Methoden – abgelöst. Die Wahrheit mußte nunmehr durch logische Verfahren gemessen und bewiesen werden. Sie wurde nach den Kriterien der Einfachheit, Harmonie und Praktikabilität zensiert.

Helmholtz, Dubois-Reymond und Brücke haben in Berlin feierlich das Versprechen abgelegt, in der Medizin als Wissenschaft nur gelten zu lassen, was mit den Prinzipien von Physik und Chemie erklärt werden kann. Trotz der praktischen Erfolge dieses Konzeptes hat es die zeitgenössische Wissenschaftstheorie ad absurdum geführt. Sie hat folgende Prinzipien herausgearbeitet: Bei einem wissenschaftlichen Verfahren kann man nur zwei der drei Grundprinzipien »Wahrheit, Sicherheit und Informativität« erfüllen. Eine Aussage ist entweder wahr und sicher – dann ist sie trivial – oder wahr und inhaltsvoll – dann ist sie unsicher – oder sicher und informativ, dann ist sie nicht wahr.

Des weiteren fand man heraus, daß jeder Beweis auf unbewiesenen Sätzen beruht, und wenn diese begründet werden müssen, können sie auch wieder nur auf unbewiesenen Sätzen beruhen, so daß sich die Beweisnot bis ins Unendliche fortsetzt. Das nennt man den infinitiven Regreß. Damit ist die Möglichkeit aufgehoben, mit den wissenschaftlichen Mitteln des Positivismus zu einem geschlossenen System zu kommen. Entsprechend der Formulierung von Tarski, daß jeder bewiesene Satz auf unbewiesenen Sätzen beruht, ist der Positivismus darauf angewiesen, diese unbewiesenen Sätze durch allgemeine Anerkennung gültig zu machen. Dubois-Reymond sah die Aussichtslosigkeit der Situation und verkündete in Berlin sein »ignoramus et ignorabimus« – wir wissen nicht und werden nicht wissen.

Dieses Problem hat aber bereits der Begründer unserer Logik, Aristoteles, gesehen, indem er für die Gewinnung der Ausgangssätze oder sogenannter Prinzipien den Begriff der Hinführung – Epagoge, neuerdings übersetzt mit Induktion – wählte. Aus vielen Beobachtungen kann eine Erfahrung gebildet werden, die Einheit in dem Vielen. Durch Begründung,

d. h. durch systematisches Befragen nach dem Wesen der Sache, ihrer Seinsform, ihrem Ursprung und ihrer Eingliederung in die Welt, erarbeitet er die allgemeine Idee, das Prinzip. Vieles war für ihn sicher.

Auf dem Wahrheitsgehalt der Prinzipien ruhte für ihn der Wahrheitsgehalt der Ableitungen und Beweisführungen. Diese induktive Gewinnung der Wahrheit durch Beobachtungen und gedankliche Verarbeitung und die Ableitung daraus nannte er »wissenschaftliche Wissenschaft«, sogenannte Episteme. Sofern man als Prinzipien die allgemeine Meinung zugrunde legt, die Edoxa, käme man durch Beweisführungen und Ableitungen zur sogenannten dialektischen Wissenschaft. In seinem Sinne ist die heutige konventionelle Medizin dialektische Wissenschaft.

Der deutsche Idealismus bemühte sich um die Klärung des Erkenntnisvorganges, wie eigentlich die Epagoge zustande kommt. Der Idealismus vermochte die Erkenntnisfrage nicht voll zu bewältigen. Erst Rudolf Steiner gelang es, mit der Schrift »Wahrheit und Wissenschaft« 1902 in Fortführung der Bemühungen des deutschen Idealismus aufzuzeigen, daß für uns alle Wahrnehmungen und Empfindungen zunächst ein Gegebenes sind, und daß diesem Gegebenen etwas aktiv hinzugefügt wird, nämlich das Denken. Nur durch Hinzufügung des Denkens entsteht Erkenntnis.

Der Erkenntnisakt besteht in Zusammenführung von Wahrnehmung und Begriff. Unsere Organisation teilt, was in der Welt draußen ein Einheitliches ist. Sicherheit gewinnen wir durch die Genauigkeit der Beobachtung und begriffliches Einordnen der durch Intuition gewonnenen Ideen. Auch die Logik ist nicht von vornherein gegeben, sie muß erst durch Beobachtung der Denkvorgänge herausgearbeitet werden. Hier ist die seelische Beobachtung die Voraussetzung für Erkenntnisbildung und zugleich die Voraussetzung für die Entdeckung der formalen Regeln des Schließens und Beweisens.

Mit dieser Entdeckung hat Rudolf Steiner in den Schriften »Wahrheit und Wissenschaft«, »Philosophie der Freiheit« und »Grundlinien der Goethe'schen Erkenntnistheorie« eine fundamentale Klärung der Epagoge gebracht.

Schelling nannte diese Prinzipien das Absolute, aber er kam nicht über Aristoteles hinaus.

Über die Sinneswahrnehmung hinaus benötigen wir die rein seelische Beobachtung, um die Ergebnisse der Sinnesbeobachtung gedanklich zu verarbeiten, einen logischen Zusammenhang herzustellen und Beweisführung und Ableitung zu vollziehen. Die seelische Beobachtung der Tätigkeit des Denkens und des Erkenntnisaktes ist die Voraussetzung dafür, die Erkenntnisvorgänge in der Sinnesbeobachtung beurteilen zu können. Eine Wissenschaft, die nur die Sinnesbeobachtung gelten lassen will, stößt die Leiter um, auf der sie heraufgestiegen ist. Sie ist ohne sichere Basis der Erkenntnis. Wenn die rein seelische Beobachtung ohne jeglichen sinnlichen Inhalt die Basis der Erkenntnis ist, dann ist auch die übersinnliche Beobachtung mit Methoden der Imagination, Inspiration und Intuition – wie sie Rudolf Steiner darstellt – gleichberechtigt der Sinnesbeobachtung. Das bedeutet umfänglich, daß jede Beobachtung, die der gedanklichen Verarbeitung zugänglich ist, Wissenschaft werden kann.

Die Anthroposophie hat also den zentralen Beitrag für das wissenschaftliche Selbstverständnis der Medizin geleistet. Sie hat die sichere Basis der Erkenntnis sowohl für die ärztliche Erfahrungsbildung als auch für alle formalen Verfahren aufgezeigt. Die Frage nach der Wissenschaftlichkeit der anthroposophischen Medizin ist insofern zu beantworten, als sie den Weg von der dialektischen zur epistemischen Wissenschaft aufzeigt.

Demnach ist der Wissenschaftler nicht mehr auf die allgemeine Anerkennung als Basis der Erkenntnis angewiesen, sondern kann sich auch im methodischen Selbstverständnis auf den Erkenntnisvorgang als solchen stützen. Der Erkenntnisvorgang wird sozusagen aus der Außenwelt wieder in den Menschen hereingenommen.

Gleichzeitig bedeutet dieses, daß Ergebnisse der übersinnlichen Erkentnnis, die durch Imagination, Inspiration und Intuition gewonnen werden, in ihrer gedanklichen Verarbeitung nicht weniger wissenschaftlich als Ergebnisse der Sinnesbeobachtung sind. Wenn man dies vom Prinzip her leugnen will, hebt man das Selbstverständnis der Wissenschaft als epistemische Wissenschaft auf. Insofern der Mensch nicht nur ein materielles Wesen ist, ist es die Aufgabe der Anthroposophie, dieses in seinem Wesen, seiner Seinsart, seiner Herkunft und seiner Eingliederung in die Welt im Sinne der aristotelischen Begründungsprinzipien herauszuarbeiten. Begriffe, die aus der übersinnlichen Beobachtung gewonnen werden, sind naturgemäß fremd gegenüber allen Begriffen, die nur an der Sinnesbeobachtung gewonnen werden und an materialistischen Prinzipien orientiert sind.

Die anthroposophische Medizin bringt auch methodologische Klarheit in die Anwendung von Begründungs- und Rechtfertigungsverfahren. Wenn z. B. Professor Schmähl vom Krebsforschungszentrum Heidelberg glaubt, aufgrund eines Tierversuches eine Aussage über die Wirksamkeit von Mistelpräparaten, wie z. B. Iscador, machen zu können, so ist dieses Vorgehen vor einer erkenntniskritischen Betrachtung nicht haltbar. Ein einfacher Induktionsschluß vom Tier auf den Menschen ist nicht möglich; es gibt keine Wissenschaftstheorie, die dieses anders auffaßt.

Wenn ein Arzneimittel, das beim Menschen hilft, bei krebskranken Ratten nicht wirksam ist, bedeutet das lediglich, daß eben eine Identität des Tiermodells mit den Verhältnissen beim Menschen nicht vorliegt. Diese Nichtidentität kann darauf beruhen, daß das Krebsgeschehen beim Tier etwas qualitativ anderes als beim Menschen ist, oder daß das Tier auf Mistelbehandlung anders reagiert als der Mensch. Wir kommen in der Medizin – insbesondere in der Krebsforschung – nur weiter, wenn wir unerbittlich die Wahrheitsfrage stellen, alle bisherigen Paradigmen neu überprüfen und uns nicht scheuen, neue Wege zu suchen.

Wir sehen mit dem Auftreten der Anthroposophie und ihren Möglichkeiten einen Auftrag, das wissenschaftliche Selbstverständnis der Medizin zu fördern und die Medizin aus einer dialektischen in eine epistemische Wissenschaft überzuführen.

HERBERT HENSEL

ZUM LEBENSWERK HERBERT HENSELS

geboren am 02.09. 1920,
verstorben am 19.01. 1983

Als Arzt und Physiologe war Herbert Hensel, geb. 1920 in Prag, eine der bedeutenden Erscheinungen dieses Jahrhunderts. Als er zu Anfang des Jahres 1983 in Marburg im Alter von 62 Jahren starb, staunte man über die Fülle der Veröffentlichungen und die Geschlossenheit seines Lebenswerkes.

Überblickt man sein reich gegliedertes und gut fundamentiertes Schaffen, erscheint es wie der Keim einer neuen physiologischen Medizin. Es war zunächst die Sinnesphysiologie, die ihm revolutionäre Impulse – insbesondere in der Erforschung des Wärmesinnes – verdankte, auf die sich auch seine internationale Reputation als Physiologe und Inhaber des Lehrstuhls für Physiologie an der Universität Marburg gründete. In seinen vielfältigen Arbeiten zur Nerven- und Sinnesphysiologie hat Hensel neue, adäquatere Methoden und Begriffe in die Wissenschaft eingeführt und durch Experimente anschaulich gemacht. Neben der Erforschung der Sinne lagen weitere Schwerpunkte von Hensels Forschungen in den Gebieten von Herz und Kreislauf, der Bedeutung des Fiebers für den Organismus und der Wärmeregulation. Das Besondere an Hensels Forschungsart war, daß er bis zu den erkenntnistheoretischen Grundlagen einer menschengemäßen Medizin und Naturwissenschaft durchdrang. Man erlebte bei ihm, daß seine Forschungsgegenstände zugleich echte Erkenntnisfragen waren. »Ist die Wahrnehmung ganz oder teilweise unbestimmt (undeterminiert) und kann daher auch ganz anders als gegenständlich gedeutet werden? Welche Sinne und welche intentionale Einstellung des Wahrnehmenden sind die Voraussetzung dafür, daß wir die uns vertraute Welt von Gegenständen vorfinden?« Oder im Bereich der Wärmephysiologie: »Ist die Wärme ein unmittelbares, selbständiges Wesen, das zum Beispiel in der Wärmewahrnehmung mit der Umwelt in lebendige Wechselwirkung tritt? Stimmt es, daß Fieber eine schädliche Wirkung für den Organismus haben muß, oder kann es auch heilsam sein, indem es die Eigenaktivität und Selbstregulation des Organismus erhöht?« Diese und weitere von Hensel angestoßene Forschungsfragen sind von seinem Schülerkreis aufgegriffen und weitergeführt worden.

Hensels wissenschaftliches Werk ist dort besonders interessant, wo die Grenzen von Natur- und Geisteswissenschaften aneinanderstoßen. Es ist die Wahrnehmung, die in der Physik und Philosophie, in Physiologie und Psychologie ihre gemeinsame Wurzel hat. Alle Wissenschaften gründen notwendig auf der Sinneswahrnehmung, auf der sie ihre Theorien und Begriffsgebäude aufbauen. Dennoch fehlt es an einer, auch nur ansatzweisen Wahrnehmungslehre in den Wissenschaftstheorien.

Hensel hat diesen Mangel in den exakten Wissenschaften aufgedeckt, er wendet sich gegen die »Wahrnehmungsfeindlichkeit« derselben und hat es unternommen, die Fundamente einer phänomenologischen Wissenschaft aufzurichten, deren Bausteine sich bei Steiner und Husserl, vielfach aber auch schon bei Goethe als Naturforscher finden. Hensel hatte sich mit der Anthroposophie Rudolf Steiners dort verbunden, wo sie mit seinen wissenschaftlichen Grundsätzen übereinstimmte. Das war besonders bei den naturwissenschaftlichen Schriften und Vorträgen Steiners der Fall, für die dieser das Motto aus seiner »Philosophie der Freiheit« gegeben hat: Seelische Beobachtungsresultate nach naturwissenschaftlicher Methode.

Als Naturwissenschaftler hatte sich Hensel sowohl mit Steiners Ausführungen zur Sinneslehre als auch mit jenen zur Physik, Mathematik und dem Experiment näher befaßt. Dabei hielt sich Hensel für eigene Deutungen frei und betonte, daß die Wahrheitsfrage nur vom Wissenschaftler selbst jeweils zu stellen und nur in eigener Verantwortung zu beantworten sei. Gegenüber einer als Offenbarungslehre auftretenden Anthroposophie hielt sich Hensel zurück und lehnte sie als unzeitgemäß, zumindest für die heutige Wissenschaft, ab. Er verwies dabei öfter auf die von Steiner genannten *zwei Wege*, von denen nur der eine über die Offenbarung, der andere aber, der für den Wissenschaftler angemessene Weg über die »Philosophie der Freiheit«, über eigenes Wahrnehmen, Forschen und Denken führe.

In seinen letzten Ausführungen zum Verhältnis von Anthroposophie und Hochschule (s. Seite 70 in diesem Band) hatte sich Hensel nochmals grundsätzlich mit diesem Problem auseinandergesetzt, das er früher schon einmal in 10 Thesen formuliert hatte, die in der Feststellung gipfelten: »Es gibt keinen Gegensatz zwischen Anthroposophie und Wissenschaft.« – Es kann und es darf auch keinen geben. Wenn nämlich in beiden Bereichen als oberstes Prinzip die Wahrheitssuche gilt, kann sich die Anthroposophie nicht in eine von der Wissenschaft unerreichbare Enklave begeben. Sie kann sui generis keine Elemente enthalten, die nicht auch auf dem Weg einer sonstigen, konsequent und kompromißlos angestrebten Wissenschaftsentwicklung prinzipiell auch erreichbar wären – umgekehrt müßte natürlich auch die Wissenschaft, wenn sie sich nicht künstlich verengt, irgendwann einmal zu den umfassenderen Begriffen und Betrachtungsebenen der Anthroposophie kommen.

In seinen letzten Lebensjahren hat sich Herbert Hensel, von seinem Arbeitsplatz als Leiter des Institutes für Physiologie in Marburg aus, der Gründung der Freien Universität Witten/Herdecke gewidmet. Inzwischen, mehr als sechs Jahre nach seinem Tod, hat die Hochschule ebenso viele Jahre lang bereits gearbeitet und die ersten Studenten haben ihr Studium bereits abgeschlossen. Für den Impuls der Hochschule war Hensel eine Art geistiger Vater, der neben den notwendigen politischen Aktivitäten, denen er sich trotz seiner Erkrankung nicht entzog, ein inneres Engagement und eine neue wissenschaftliche Gesinnung einbrachte, die als zukunftsweisend erlebt wurde.

Hensel hat mit oft einfachen und manchmal geradezu ingeniös knappen Formulierungen die Fundamente einer neuen Wissenschaft aufzurichten unternommen. Es ist kennzeichnend für ihn, daß er einzelne Grundpositionen zum Teil noch unverbunden wie feste Pfähle in einer noch unkultivierten Landschaft unverrückbar errichtet hat. Von seinem Hauptwerk, der »Allgemeinen Sinnesphysiologie« (1966), über seine vielfältigen Vorträge und Aufsätze bis hin zu den genannten letzten Ausführungen über die künftige Hochschule finden sich bei Hensel die Grundabmessungen und Wegweiser zu einer künftigen Wissenschaft vom Menschen, die seine Sinnesfähigkeit mit einschließt, ja, sie zur treibenden Kraft selbstverantwortlichen Denkens und Forschens werden läßt.

Hans-Jürgen Scheurle

DIE SINNESWAHRNEHMUNG DES MENSCHEN*

Herbert Hensel

Wissenschaft beruht auf Erfahrungen mannigfacher Art, unter denen die Sinneserfahrung den Rang einer spezifischen, unabdingbaren und durch keine andere Erkentnisquelle ersetzbare Grundlage einnimmt. Das gilt nicht nur für unser alltägliches und naives Weltbild, sondern auch für alle positiven Wissenschaften, deren Tätigkeit auf die Erforschung der Sinnenwelt gerichtet ist. Selbst die sinnenfernsten und abstraktesten unter den empirischen Disziplinen, wie etwa die Physik, können nicht umhin, sich auf die Sinneserfahrung als letzten Kronzeugen zu berufen, wie weit auch immer sie mit ihren Begriffsbildungen die naive Wahrnehmung überschreiten mögen.

Dennoch hat es nicht an Versuchen von philosophischer und naturwissenschaftlicher Seite gefehlt, diese gründende Funktion der Sinneswahrnehmung wegzudiskutieren, die Sinnesphänomene zu verleugnen oder umzudeuten, sie als Täuschung, Trug, Illusion oder subjektiven Schein zu bestimmen. Ein entscheidender Schritt in dieser Richtung vollzog sich zu Beginn der Neuzeit, als es dem modernen Bewußtsein möglich wurde, die Begriffe von Subjekt und Objekt in voller Schärfe zu denken – eine Entwicklung, die besonders eindrücklich durch Galilei und seinen Zeitgenossen Descartes repräsentiert wird. Nach Galileis Auffassung kommt nur den sogenannten primären Sinnesqualitäten Objektivität zu, wäh-

* Nach einem Refereat auf dem 1. Symposion der Freien Europäischen Akademie der Wissenschaften am 25. 11. 1977 in Herdecke/Ruhr.

rend die sekundären Qualitäten in das Subjekt hineinverlagert werden: »Darum behaupte ich, daß Geschmack, Geruch, Farbe usw. auf seiten des Objekts, dem sie innezuwohnen scheinen, nichts anderes sind als bloße Namen, daß sie nur in dem sensitiven Körper existieren, so daß sie verschwinden, sobald das lebendige Wesen fortgenommen wird ... es existiert in den Körpern außer Größe, Gestalt, Anzahl und schnellen oder langsamen Bewegungen nichts, was in uns Geschmacks-, Geruchs- oder Gehörsempfindungen hervorruft.« Von der Beziehung des Sehens zum Licht sagt Galilei allerdings: »Von dieser Sinnesempfindung und den damit verbundenen Dingen verstehe ich nur sehr wenig, und da ich nicht die Zeit habe, dieses Wenige zu erklären oder auch nur zu skizzieren, schweige ich lieber.«

Eine konsequente Ausgestaltung der Galilei'schen These finden wir in der klassischen Sinnesphysiologie, die in ihrer naturalistischen oder physikalistischen Ausprägung es unternommen hat, die Sinnesphänomene als Sekundärerscheinungen einer dahinterstehenden objektiven physikalischen Wirklichkeit zu deuten. Hierzu sei ausdrücklich betont, daß unter »Physikalismus« nicht etwa die durchaus berechtigte Anwendung physikalischer Methoden in der Sinnesphysiologie zu verstehen ist, sondern eine Hypothese, die aus physikalischen Vorgängen in der Außenwelt oder in unserem Nervensystem die unmittelbare Wahrnehmung herzuleiten sucht. Alle diese Ansätze müssen letztlich vor der Einsicht scheitern, daß die Wahrnehmung als solche von nicht ableitbarer Gewißheit und Unbezweifelbarkeit ist. Jeder Versuch, den Sekundärcharakter der Sinneserfahrung zu beweisen, setzt die Anerkennung ihrer primären Gegebenheit bereits voraus.

Woher, so muß man fragen, kommt dann das Mißtrauen in die Sinne? Unsere alltägliche Art des Wahrnehmens durch die

Sinne ist wesentlich auf die Konstitution einer objektiven Gegenstandswelt gerichtet. Das bedeutet, die Wahrnehmung ist bereits in zunächst undurchschaubarer Weise durchsetzt mit begrifflichen Bestimmungen und kategorialen Formungen, die bereits in eine vorgegebene Richtung zielen und die Wahrnehmungsinhalte in bezug auf ihre objektive Geltung beurteilen. Im Rahmen dieses natürlichen Objektivismus sind Irrtümer und Täuschungen möglich, wie sie besonders eindrucksvoll durch die sogenannten geometrisch-optischen Täuschungen und die sogenannten unmöglichen Figuren demonstriert werden. Der naive Mensch vermeint, Dinge unmittelbar zu sehen, von denen man ebenso gut behaupten könnte, sie seien das Ergebnis begrifflicher Operationen, und umgekehrt pflegt man von einer geläufigen Sinneserfahrung zu sagen, sie sei »logisch«, obwohl sie in Wirklichkeit empirisch ist.

Im natürlichen Objektivismus liegt auch die Wurzel des naturwissenschaftlichen Objektivismus. Man kann sagen, daß dieser eine Verabsolutierung und Idealisierung des natürlichen Objektivismus darstellt und insofern an die gewöhnliche lebensweltliche Art der Sinneserfahrung gebunden bleibt.

Phänomenologischer Ansatz

Wer sich dies klarmacht, wird einsehen, daß es erst einer besonderen Methode bedarf, um Zugang zu einem Bereich zu gewinnen, den sowohl der Alltagsmensch wie auch die empirischen Wissenschaften ungefragt voraussetzen und naiv handhaben: das Wahrnehmen durch die Sinne. Man kann diesen Weg zur Erfassung der Wahrnehmung als den phänomenologischen bezeichnen. Dieser Begriff wird in sehr unterschiedicher Weise gebraucht, vor allem auch im Sinne einer naiven

Beschreibung der gewöhnlichen Lebenswelt. Was dagegen im folgenden als Phänomenologie bezeichnet wird, ist eine erst durch Übung schrittweise zu erlangende Fähigkeit, von der Selbstverborgenheit der Sinneswahrnehmung und ihrer naiv-objektivistischen Handhabung zu einer Thematisierung des Sinnlichen selbst zu gelangen.

Victor von Weizsäcker hat diese Situation treffend charakterisiert: »Das auszeichnende Vorrecht, in den verschiedensten Wissenschaften gehört zu werden und mit ihnen nahe verbunden zu sein, kann die physiologische Sinneslehre nur bewahren, wenn sie immer neu denjenigen Antrieben nachgeht, die zu ihrer eigenen Entstehung geführt haben... Die besondere Wissenschaft der Sinnesphysiologie scheint überall dort erst zu entstehen, wo die naturwissenschaftliche Objektivität zusammentrifft mit der Fähigkeit, sich eben von ihr auch wieder zu distanzieren. Naturwissenschaftlich objektiv sind wir dort, wo wir sinnliche Beobachtungen kritisieren, weil sie ja trügen können. Wenn wir aber solchen Trug als durch unsere eigene Sinnestätigkeit bewirkt begreifen lernen und so wieder legitimieren, wenn wir mit Purkinje in den Sinnestäuschungen Gesichtswahrheiten erkennen, so ist die Stunde der Sinnesphysiologie angebrochen. Indem sie das Sinnesorgan als ein Werkzeug der Wahrnehmung begreift, kehrt sie zur Wahrheit der Sinne zurück und läßt neben der objektiven und ganz für sich bestehenden Natur auch die wieder gelten, welche wir sinnlich erleben. Diese lehrt sie jetzt begreifen und tut damit einen Schritt in eine neue Sphäre, ja einen Sprung in eine neue Tiefe der Erkenntnis. Sinnesphysiologie setzt daher, soll sie eine Lehre von den Sinnen und nicht bloß eine Mechanik ihrer Organe sein, gegenüber Physik eine besondere Fähigkeit voraus, nicht allein mit den Sinnen etwas wahrzunehmen, sondern Sinnliches mit Bewußtsein als solches zu erleben. Erst dann vermögen die mannigfachen geistigen Operationen einzusetzen, welche die wissenschaftliche Forschung von einer beliebigen Aussage über die Dinge unterscheiden. «

Beim phänomenologischen Ansatz haben wir es nicht mit einer natürlichen, sondern mit einer durch freien Willensentschluß herbeigeführten künstlichen Einstellung zu tun. Ihr Leitmotiv ist das Postulat der theoretischen Voraussetzungslosigkeit oder der konsequenten Urteilsenthaltung, der methodischen Ausklammerung aller Setzungen, Deutungen und Wertungen, insbesondere der Frage nach Wahrheit oder Falschheit, Wirklichkeit oder Unwirklichkeit, Objektivität oder Subjektivität.

Was sich dieser Einstellung darbietet, ist das unmittelbar Gegebene. Bei ihm endet die Kette der Begründungen. Es ist nicht durch anderes gegeben, sondern hat den Modus der Selbstgegebenheit. Wenn man sich an einen Gegenstand erinnert, so ist dieser in der Erinnerung nur mittelbar gegeben, weil er an eine vorhergehende Wahrnehmung gebunden ist. *Die Wahrnehmung selbst aber tritt originär auf.* Sie bedarf keiner anderen Inhalte und Erkenntnisse, auch keines physiologischen oder physikalischen Wissens, um gegeben zu sein.

Ein konsequentes phänomenologisches Vorgehen führt zu einem Wahrnehmungsbegriff, der nicht nur die Sinneswahrnehmung, sondern alle Arten von Erfahrungen umfaßt, so zum Beispiel Gefühle, Vorstellungen, Begriffe und Ideen. In dieser Hinsicht kommt auch dem Denken eine Wahrnehmungsfunktion zu. Der traditionelle erkenntnistheoretische Dualismus von Wahrnehmung und Denken kann nicht am Anfang einer phänomenologischen Untersuchung stehen, sondern nur Ergebnis einer differenzierten Beobachtung im Bereich des unmittelbar Gegebenen sein. Der Fehler des Positivismus liegt darin, daß er nicht alle Erfahrungsarten als grundsätzlich gleichberechtigte Rechtsquellen der Erkenntnis (Husserl) anerkennen will, sondern den Erfahrungsbegriff willkürlich auf bestimmte Teile der Sinneswahrnehmung einschränkt. Er ist damit zugleich die Wurzel des wissenschaftlichen Reduktionismus.

Die Sprache kennt diesen universalen Wahrnehmungsbegriff, indem sie für sinnliche und nichtsinnliche Erfahrungen gleiche Wörter gebraucht. Das Wort »Sinn« bezeichnet Wahrnehmungsfähigkeit, Bewußtsein, Geist, Bedeutung und Gesinnung, das Wort »Sensus« Wahrnehmung, Bewußtsein, Denkkraft, Begriff, Urteil, Gefühl, Sinnesart. »Theoria« bedeutet Anschauung, Erkenntnis und Theorie; auch die Show heißt übrigens »Theoria«. Ebenso haben die Wörter »videre«, »intueri«, »idein« und »noein« alle die Bedeutung von Wahrnehmen, Einsehen, Erkennen und Begreifen. Auch das Wort »Wissen« hängt mit dem Wahrnehmen zusammen; seine indoeuropäische Wurzel heißt »veidt«, verwandt mit »idein« und »videre«, was »sehen« bedeutet. Was man sieht, oder allgemein, was man wahrnimmt, weiß man; was man nicht unmittelbar wahrnimmt oder nur vermutet, meint, hypothetisch annimmt, weiß man nicht.

Damit gehört die Wahrnehmung zu den letzten Prinzipien unseres Erkennens, auf die sich alle Beweisführungen gründen. Denn was heißt beweisen? Beweisen heißt: auf die Gründe weisen, zu den Prinzipien hinführen. Die Prinzipien aber kann man nicht beweisen, man kann sie nur aufweisen, das heißt, zur Klarheit und Evidenz bringen. Man könnte sagen: Gründe sind letztlich nur anschaubar; sie zeigen sich selbst. Das gilt für die mathematischen Axiome nicht minder als für die Sinnesphänomene. Mit Recht betont Stegmüller, daß jede Diskussion, in welcher ein Teil dem anderen einen Fehler in dessen Beweisführung nachweisen möchte oder um-

gekehrt ihm einen Beweis vorlege und ihn von dessen Richtigkeit zu überzeugen trachte, ein fortgesetzter Appell an dessen Fähigkeit zur Einsicht sei. All unser Argumentieren, Ableiten, Widerlegen, Überprüfen sei ein ununterbrochener Appell an Evidenzen. Wer keine Evidenz zulasse, könne nichts mehr behaupten, er vertrete überhaupt nichts. Wer aber etwas vertrete, der glaube an Evidenz. Mach drückt das lapidar so aus: Erklären heißt, ungewohntes Unbegreifliches auf gewohntes Unbegreifliches zurückzuführen.
Voraussetzung für eine phänomenologische Analyse des Gegebenen ist unsere praktische Fähigkeit der Distinktion, das heißt, unser Vermögen, Gegebenes nach dem Prinzip der Gleichheit oder Ungleichheit, Ähnlichkeit oder Unähnlichkeit, Abhängigkeit oder Unabhängigkeit zu ordnen.

Kriterien der Sinnesmannigfaltigkeit

Als allgemeine Kriterien für die Abgrenzung der Sinneserfahrung gegenüber allen anderen Erfahrungsarten gab Kant die Zeitlichkeit und die Räumlichkeit an. Zeit und Raum sind die universalen, in jeder Sinnesanschauung erfahrbaren Dimensionen, sie sind, wie Kant sagt, der »Rechtsgrund« der Anschauung. Beschränkt man sich auf diesen klaren und unmittelbar aufweisbaren Sachverhalt, so kann man Kants vielumstrittene, phänomenologisch nicht haltbare Trennung der Anschauung in Zeit und Raum a priori und Sinnlichkeit a posteriori auf sich beruhen lassen. Der Apriorismus von Zeit und Raum würde dann nur besagen, daß allem sinnlich Wahrnehmbaren die Wesenszüge des Zeitlichen und des Räumlichen zukommmen. Dabei tritt die Zeitlichkeit im Modus der Gegenwart auf: Alles sinnlich Wahrgenommene ist gegenwärtig; was wir früher wahrgenommen haben, ist Erinnerung, und was wir noch nicht wahrgenommen haben, ist Erwartung, aber nicht Sinneswahrnehmung. Freilich darf man sich das »Jetzt« der Sinnesanschauung nicht als isolierten Punkt vorstellen; vielmehr ist die sinnliche Gegenwart intentional in einen Horizont des Vergangenen und Zukünftigen eingebettet, worauf später noch einzugehen ist.

Was sich der Sinnesanschauung ohne Intention auf objektive Gegenständlichkeit unmittelbar darbietet, sind die Sinneserlebnisse oder Sinnesphänomene. Ob ein Sinneserlebnis »wirklich« ist, ob es einem objektiven Gegenstand oder dem Subjekt angehört, ob die Sinne täuschen – darüber ist hier nichts auszumachen. Sinneserlebnisse sind als Gegebenheiten unbezweifelbar; hingegen kann man durchaus bezweifeln, ob das, was man wahrnimmt, in einer objektiven Dingwelt existiert.

Eine derartige Betrachtungsweise finden wir zuerst bei Aristoteles. In seiner Sinneslehre sagt er: »Spezifisch nenne ich das, was mit keinem anderen Sinn wahrgenommen werden kann und worüber keine Täuschung möglich ist, zum Beispiel das Sehen einer Farbe, das Hören eines Geräusches, das Kosten eines Geschmackes. Beim Tastsinn allerdings sind die Objekte verschiedener Art. Sonst aber urteilt jeder Sinn über die ihm zukommenden Gegenstände, und er täuscht sich nicht darüber, daß er eine Farbe oder ein Geräusch wahrnimmt, sondern nur etwa darin, was und wo das Farbige, was und wo das Geräusch ist.«

Die Sinneserlebnisse haben unverwechselbare und spezifische Qualitäten, die in ihrer Gesamtheit die Sinnesmannigfaltigkeit darstellen. Diese phänomenale Struktur läßt sich aufgrund ihrer qualitativen Wesensinhalte beschreiben, in ihren gegenseitigen Verhältnissen untersuchen und begrifflich darstellen, ohne den Bereich des sinnlich Gegebenen zu überschreiten. Dies sei am Beispiel der Farben verdeutlicht: Die Farbqualitäten lassen sich rein phänomenal nach ihren Wesenseigenschaften beschreiben und nach ihren unmittelbar erlebten Verwandtschafts- und Komplementaritätsverhältnissen in eine bestimmte Ordnung bringen, zum Beispiel den Goetheschen Farbenkreis, die Rungesche Farbenkugel oder neuere Systeme des Farbendreiecks und Farbenkörpers. Gegenüber der Objektivität oder Subjektivität der Farben ist diese Farbenordnung völlig invariant; sie gilt unabhängig davon, ob es sich um Körperfarben, Lichtfarben oder Nachbilder handelt.

Es liegt in unserer freien Entscheidung, daß wir die Wahrnehmungsintention nicht nur – wie im natürlichen Alltag zumeist – auf die Dinge und die an ihnen als Eigenschaften auftretenden Sinnesqualitäten richten können, sondern, unter Abstraktion von Dingen, auf diese Qualitäten selbst. Wir können darüber hinaus im sinnesphysiologischen Experiment diese Qualitäten in reiner Form zum Erlebnis bringen. Hier zeigt sich eine spezifisch menschliche Fähigkeit des Wahrnehmens, die über die naturgegebenen Lebenszusammenhänge hinausreicht. Auf diesem Wege gelangen wir schließlich zu elementaren, nicht weiter analysierbaren Erlebnissen. Es sind dies die sogenannten einstelligen Elemente der Sinnesmannigfaltigkeit, zum Beispiel das Erlebnis der Farbe Rot. Was Rot ist, kann man nicht definieren und deshalb auch nicht mit Worten sagen; man kann es nur erleben, und wer diese Erlebnisfähigkeit nicht besitzt, etwa weil er farbenblind ist, dem ist auch mit Definitionen nicht zu helfen.

Bei der Wiedergabe dieser elementaren Sinneserlebnisse übt die Sprache keine beweisende oder apodiktische, sondern eine hinweisende oder semantische Funktion aus, das heißt, sie deutet darauf hin, daß wir ein bestimmtes Erlebnis haben, oder, anders ausgedrückt: das Wort steht als Symbol für ein rational nicht weiter analysierbares Phänomen.

Qualitäten sind logisch irreduzibel, das heißt, es ist kein begriffliches Modell denkbar, welches erlauben würde, die Sinnesqualitäten aus anderen Gegebenheiten oder eine Sinnesqualität aus einer anderen theoretisch herzuleiten. Die qualitative Mannigfaltigkeit der Sinnenwelt können wir nur hinnehmen, aber nicht rational begründen.

Bedeutung der Sinnesqualitäten

Damit erweist sich die Sinnesqualität als eine inhaltliche Kategorie, die sich jeder Formalisierung und modellmäßigen Darstellung grundsätzlich entzieht. Mit anderen Worten: Qualitäten kann man nur im Original erleben. Zwar ist es möglich, die Mannigfaltigkeit der Qualitätsdimensionen bis zu einem gewissen Grad in einem mathematischen Modell abzubilden, aber das Inhaltliche der Qualität ist der formalen Struktur gleichgültig; es hat dort nur den bloßen Stellenwert eines »x«. Gehen wir jedoch vom menschlichen Beobachter aus, so erkennen wir, daß für ihn die elementaren Qualitäten keineswegs indifferent sind; vielmehr stellen sie sich als ein spezifisches Erlebnis dar, das nicht beliebig gegen andere qualitative Erlebnisse vertauschbar ist. Ich möchte diese Seite der Sinnesqualitäten ihren Bedeutungscharakter nennen: Das Wesen des Qualitativen liegt darin, daß es etwas für den Menschen bedeutet. So hat für uns, um das Beispiel fortzuführen, die Farbe Rot eine bestimmte Bedeutung, und zwar eine ganz andere als etwa die Farbe Grün.

Dadurch, daß die Sinnesphänomene sich selbst zeigen, kann man von einer Erkenntnisseite der Wahrnehmung sprechen.

Wäre dies nicht so, könnte auch keine begriffliche Bearbeitung der Wahrnehmung jemals zu Erkenntnissen führen. Es ist in diesem Zusammenhang sicher nicht ohne tiefere Bedeutung, daß das Wort »Wahrnehmung« etwas mit »Wahrheit« zu tun hat.

Die Qualitäten sind ein entscheidender Brennpunkt der Sinneslehre. Auf ihnen beruhen sowohl die Grundgegenstände der Sinnesphysiologie, die zur Konstituierung verschiedener Sinne führen, als auch die qualitativen Grundgegenstände der Physik, wie sie im Begriff der »Größenarten« vorliegen, hier allerdings in so stark reduzierter Weise, daß in den physikalischen Grundgrößen nur noch ein schwacher Abglanz der ursprünglichen Sinnesmannigfaltigkeit erkennbar wird. Das CGS-System, abgeleitet von cm, g, sec (Raum, Kraft, Zeit), enthält außer Zeit und Raum nur noch den Begriff der Masse, dem sinnlich die Erlebnisse von Kraft und Bewegung entsprechen. Im neueren SI-System (= MKSA-System mit den Einheiten m, kg, sec, Amp sowie für Temperatur, Licht und Substanzmenge) kommen noch vier weitere Grundgrößen hinzu: Temperatur, Lichtintensität, elektrischer Strom und Substanzmenge. Der Temperatur wäre das Erleben von Wärme, der Lichtintensität das Erleben von Helligkeit zuzuordnen, wogegen dem elektrischen Strom und der Substanzmenge keine spezifischen Sinnesqualitäten entsprechen, bei der Substanzmenge unter bestimmten Bedingungen vielleicht noch am ehesten die Intensität von Geschmackserlebnissen.

Man kann die Sinne des Menschen als das Vermögen auffassen, zeitlich und räumlich Gegebenes in verschiedener qualitativer Ausprägung zu erleben. Wenden wir auf die qualitativen Sinnesmannigfaltigkeiten die schon genannten Kriterien der Gleichheit und Ungleichheit, der Ähnlichkeit und Unähnlichkeit und der Abhängigkeit und Unabhängigkeit an, so gelangen wir zu einer Gliederung in einzelne Sinnesbereiche. Verschiedene Sinnesqualitäten können gleichzeitig am gleichen Ort wahrgenommen werden, zum Beispiel kann ein Körper zugleich grün, hart, schwer und kalt sein, aber nicht zugleich grün und rot. Weiter können verschiedene Qualitäten unabhängig voneinander variiert werden, zum Beispiel kann ein harter Körper verschiedene Farben und ein grüner Körper verschiedene Härten haben. Qualitätsbereiche, die gleichzeitig und gleichräumlich mit anderen Qualitäten erlebt werden können und unabhängig von anderen Qualitäten veränderbar sind, konstituieren jeweils einen besonderen Sinnesbereich, wobei sich Einzelqualitäten und Ähnlichkeitserlebnisse zu einem umfassenderen Modalbezirk zusammenfassen lassen, so etwa die verschiedenen Farbqualitäten zum Modalbereich der Farbe. Es sei hier betont, daß die phänomenale Ähnlichkeit nicht identisch ist mit dem logischen Begriff der Ähnlichkeit als Teilgleichheit. Phänomenale Ähnlichkeit erleben wir unmittelbar, etwa die Ähnlichkeit von Rot und Orange, ohne daß man dies rational begründen oder auf eine Teilgleichheit zurückführen könnte, denn Rot und Orange sind jeweils einheitliche Erlebnisse und nicht in sich teilbar. Auch die phänomenale Gleichheit hat eine andere Struktur als die logische Gleichheit. So gilt für die logische Gleichheit: Wenn A gleich B und B gleich C, so ist A gleich C. Ist jedoch A phänomenal gleich B und B phänomenal gleich C, so kann A phänomenal gleich C oder phänomenal nicht gleich C sein.

Je nachdem, welche Kriterien man im einzelnen anwendet und wie weit oder wie eng man die auf Ähnlichkeitserlebnissen beruhenden Modalbereiche faßt, aber auch wie sorgfältig man die Sinnesmannigfaltigkeit phänomenologisch untersucht, wird man zu einer verschiedenen Zahl und auch zu unterschiedlichen Arten von Sinnen gelangen. So umfaßt die Sinneslehre von Aristoteles fünf Sinne, die Sinneslehre von Rudolf Steiner 12 Sinne, und die heutige konventionelle Sinnesphysiologie unterscheidet etwa zehn Sinne. Wesentlicher als die bloße Zahl der Sinne erscheint mir freilich eine möglichst genaue Charakterisierung der verschiedenen Erlebnisbereiche.

Eine der Möglichkeiten, die Sinne des Menschen zu gliedern, ist eine Dreiteilung in die Wahrnehmungsbereiche des eigenen Körpers, der ihn umgebenden Natur und der spezifischen Äußerungen anderer Menschen im Bereich der Sinnenwelt. Bei den letzteren wäre an das Auffassen von Laut- und Wortäußerungen, an das Auffassen von Begriffen in sinnlichen Medien und schließlich an die Wahrnehmung des anderen Ich in seinen sinnlichen Äußerungen zu denken. Diese Fragen bedürfen noch intensiver weiterer Forschung, wobei der Einwand, hier handle es sich um erlernte Funktionen, keineswegs gegen die Unmittelbarkeit derartiger Wahrnehmungen spricht, denn, wie man heute weiß, muß auch die Funktion aller anderen Sinne in erheblichem Umfang erlernt und geübt werden bis in die Ausbildung der Sinnesorgane und Gehirnzentren hinein. Was die unmittelbare sinnliche Wahrnehmung des anderen Ich betrifft, so haben sich vor allem Steiner, Husserl und Scheler gegen die Auffassung gewandt, die sogenannte Fremd-Ich-Wahrnehmung beruhe lediglich auf einem hypothetischen Analogieschluß aus dem Erlebnisbereich anderer Sinne und dem Erlebnis des eigenen Ich.

Wenn die traditionelle Wahrnehmungslehre die menschlichen Sinne lediglich als Erkenntnisquelle behandelt, so gerät sie damit immer wieder in Gefahr, die Verschiedenheit der Sinne zu negieren und ihre Wahrnehmung als Material für den Verstand über einen Kamm zu scheren. Eine differenzierte Behandlung der Sinne kann schon hinsichtlich ihrer Erkenntnisfunktion nicht bei diesem nivellierenden Aspekt stehenbleiben. Im Grunde müßte man für jeden Sinn eine eigene Erkenntnistheorie entwickeln – eine Aufgabe, die bisher noch nicht einmal ins Auge gefaßt wurde, geschweige, daß bisher Ansätze zu ihrer Realisierung erkennbar wären.

Neben ihrer Erkenntnisfunktion kommt den Sinnen eine qualitativ-gefühlsmäßige oder affektive Funktion zu. Was bedeutet es für den Menschen, wenn seine wahrnehmende und handelnde Verwirklichung in der Welt sich in den Modalitäten bestimmter Sinnesbereiche vollzieht? Wenn auch die Sinne bis zu einem gewissen Grade sich gegenseitig vertreten können – und darin liegt ein wesentlicher Moment des menschlichen Umganges mit den Sinnen – so hat doch jeder Sinnesbereich seine spezifische und unersetzliche Funktion, die nicht mit dem informationstheoretischen und insofern austauschbaren Inhalt, sondern mit ihrem qualitativen Bedeutungscharakter zusammenhängt. Hier betreten wir einen Grenzbereich, in dem die logisch irreduzible, einfache Sinnesqualität einen neuen Aspekt qualitativer Mannigfaltigkeit darbietet. Es sind die Ausdruckseigenschaften der Qualitäten, die Goethe als den Bereich des »Sinnlich-Sittlichen« bezeichnet. So wird beispielsweise ein bestimmtes Rot als »warm«, ein bestimmtes Blau als »kalt« erlebt, oder es wird die Farbe Signalrot übereinstimmend als »kräftig, erregend, antreibend«, in einer amerikanischen Unterredung als »passionate, exciting, fervid, active« charakterisiert. Angesichts ihrer intersubjektiven Gültigkeit wäre es verfehlt, diese Ausdruckseigenschaften der Sinnesqualitäten als rein subjektiv oder psychologisch zu bezeichnen. Es wäre dies ein Rückfall in den Fehler des Subjektivismus, wie er schon bei den sekundären Sinnesqualitäten begangen wurde.

Auf dieser Ebene werden zwischen den verstandesmäßig unüberbrückbaren Sinnesqualitäten innere Beziehungen erlebbar, wie die von Farbe und Wärme in unserem Beispiel. Solche Beziehungen, die unter anderem eine Grundlage für die Metaphorik der Umgangssprache und der dichterischen Sprache bilden, heben aber den eigenständigen Charakter der Qualitäten keineswegs auf. Die Mannigfaltigkeit der Sinne bildet auf der Ebene des Sinnlichen keine Einheit, keinen »Gesamtsinn«, und gerade darum ergibt sie einen Ansatzpunkt für die einheitsstiftende Tätigkeit des Ich, das im spezifisch menschlichen Wahrnehmen die Sinne aktiv handhabt und mit ihnen umgeht. Man könnte sagen: Die Einheit der Sinne ist das Ich. Ein direktes Zusammenfließen der Sinnesqualitäten hingegen, wie es beispielsweise in den Synästhesien unter Rauschdrogen erlebt wird, muß für den heutigen Menschen als pathologisch bezeichnet werden; es kommt gerade dann zustande, wenn die Ichtätigkeit herabgemindert ist.

Vor allem beim sich entwickelnden Menschen haben die Sinnesqualitäten eine tiefgreifende, bis in die Lebensprozesse reichende Bedeutung. Was bedeutet es beispielsweise für ein Kind, ob ihm auf dem Fernsehschirm eine optisch-akustische Scheinwelt vorgegaukelt wird, ganz unabhängig vom Inhalt des Programms, oder ob sich ihm die Welt durch die volle qualitative Mannigfaltigkeit der Sinne, vor allem auch der eigenen Bewegung und Tasterlebnisse, erschließt.

Zur qualitativen Bedeutung der Sinne gehört in besonderem Maße das Arbeiten mit ihnen in der Kunst. Hier wird der spezifische Ausdruckscharakter der Sinnesqualitäten bewußt gehandhabt, wobei verschiedenen Sinnesbereichen jeweils verschiedene Künste zuzuordnen sind. In der Entwicklung von der Gegenständlichkeit zu gegenstandlosen Kunstformen treten die Sinnesqualitäten als solche besonders deutlich hervor. Wie Plessner mit Recht sagt, erschöpft sich die Bedeutung der Sinne für den Menschen nicht in dem, was er vorfindet. Erst der produktive Umgang mit den Sinnen vermag den vollen Umfang ihrer Möglichkeiten aufzudecken.

Die Phänomenologie ist zwar ein adäquater Ansatzpunkt für eine Lehre von den menschlichen Sinnen; die Wissenschaft kann aber nicht bei der bloßen Phänomenologie stehenbleiben, denn sonst würde sie zum Phänomenalismus. Damit erhebt sich unter anderem die Frage nach den Beziehungen der Sinnesphänomene zu physikalischen Vorgängen und zu den Prozessen in den Sinnesorganen.

Phänomen, Physik und Sinnesorgan

Da die Definition der physikalischen Grundgrößen überwiegend auf freien Konventionen beruht und auf die unmittelbare Sinnesanschauung keine Rücksicht nimmt, ist von vornherein gar nicht zu erwarten, daß eine isomorphe Abbildung von phänomenalen Erlebnissen durch physikalische Begriffe möglich ist. Dieser grundlegende Sachverhalt ist bisher noch nicht genügend berücksichtigt worden. So sagt man zwar, daß Farbe eben Farbe sei und keine Wellenlänge, ist aber doch weithin der Meinung, daß zwischen Farbe und Wellenlänge eine eindeutige Beziehung bestehe. Daß davon keine Rede sein kann, sei an einem Beispiel erläutert. Das Farberlebnis »Gelb« ist phänomenal eindeutig und einfach, das heißt nicht weiter reduzierbar. Dagegen läßt es sich in der Sprache der Physik nicht durch eine einfache Größe, ja überhaupt nicht eindeutig abbilden. Einer bestimmten Farbe Gelb kann beispielsweise eine einzige Wellenlänge oder gemäß den Gesetzen der sogenannten additiven Farbenmischung eine beliebige Anzahl von Kombinationen zweier Wellenlängen entsprechen. Phänomenal kann man dem Gelb nicht ansehen, welche physikalische Situation im Einzelfall vorliegt. Und auch diese Bedingungen reichen noch nicht aus, denn das phänomenale Gelb kann auch als Sukzessivkontrast nach der Darbietung von Violett auftreten. Man müßte also zusätzlich noch Begriffe der Physiologie einführen, wodurch die Abbildungsbedingungen vollends undefinierbar werden. Wenn Helmholtz sagt, die Sinnesphänomene seien zwar nicht die physikalische Wirklichkeit, aber doch Zeichen von ihr, welche die Wirklichkeit eindeutig abbilden, so ist diese These nach unserem Beispiel unhaltbar. Tatsächlich sind die Beziehungen zwischen den Sinnesphänomenen und den physikalischen Objekten bis heute völlig undurchsichtig und keineswegs auf einen einfachen Nenner zu bringen.

Anders sind die Verhältnisse bei den Sinnesorganen, denn zwischen Sinnesphänomenen und Sinnesorganen besteht eine natürliche Beziehung, die nicht auf willkürlichen Definitionen beruht. So entsprechen den qualitativen Modalbereichen der Wahrnehmung jeweils spezifische Sinnesorgane. Dennoch wäre es verfehlt, aus den im Sinnesorgan und Nervensystem ablaufenden Prozessen die Wahrnehmung theoretisch ableiten oder erklären zu wollen. Eine Farbqualität ist von einer physikalischen Wellenlänge ebenso verschieden wie von einem chemischen Prozeß in der Netzhaut oder einem elektrischen Vorgang im Gehirn. Es wird also der zwischen Wahrnehmungsinhalt und physikalischem Objekt bestehende Hiatus irrationalis keineswegs überbrückt, wenn man zwischen den physikalischen Reiz und die Empfindung noch ein Zwischenglied – die Nervenleitung – einschaltet; vielmehr wird die ganze Problematik jetzt nur von der Außenwelt in das Nervensystem verschoben. Zudem sind die Beziehungen zwischen einem Sinnesphänomen und dem zugehörigen Nervenprozeß mindestens ebenso kompliziert wie die Beziehung zu äußeren physikalischen Objekten.

Es gehört zum Wesen des Sinnesorgans, daß die in ihm selbst und in den Sinnesnerven ablaufenden Prozesse der direkten Beobachtbarkeit entzogen sind. Wäre dem nicht so, könnte kein Wahrnehmungsgegenstand erscheinen. Was wir unmittelbar wahrnehmen, ist weder ein Vorgang im Sinnesorgan noch ein Nervenprozeß, sondern der Wahrnehmungsgegenstand. Man könnte diese Beziehung mit einer Spiegelung vergleichen: Was sich spiegelt, ist nicht ableitbar aus der Natur des Spiegels, und dieser selbst wird um so weniger bemerkt, je vollkommener er seine Funktion erfüllt.

Damit ist gar nichts gegen die Berechtigung naturwissenschaftlicher Untersuchungen der Sinnesorgane gesagt. Im Gegenteil, durch die Bestimmung der physiologischen Prozesse im Sinnessystem als Bedingungen für das Auftreten des Wahrnehmungsphänomens erhalten diese Untersuchungen erst ihren richtigen Stellenwert, vor allem für die Untersuchung von Sinnesorganen, bei deren Tätigkeit keine unmittelbaren Wahrnehmungsinhalte auftreten oder nicht zweifelsfrei feststellbar sind. Für die Medizin ist die Kenntnis der Sinnesorganprozesse von entscheidender Bedeutung. Wenn etwa ein Patient zum Augenarzt kommt mit der phänomenologischen Aussage: »ich sehe sehr schlecht«, so ist damit wenig geholfen. Man muß die organphysiologischen Bedingungen des Sehens kennen, um eine Störung richtig zu diagnostizieren und wenn möglich therapeutisch zu beeinflussen.

Beim gewöhnlichen Wahrnehmen sind wir ganz den Wahrnehmungsinhalten hingegeben, während wir uns selbst als Wahrnehmende gleichsam vergessen. Diese in den objektiven Wissenschaften als Leitidee fungierende Einstellung kann leicht dazu führen, das Wahrnehmen als eine passive Abbildung vorgegebener Dinge aufzufassen. Kant hat dieser Auffassung Vorschub geleistet, indem er die Sinnlichkeit als Rezeptivität, den Verstand als Spontaneität bestimmte.

Es bedarf erst einer erhöhten Aufmerksamkeit und einer besonderen Einstellung, um zu bemerken, daß der Wahrnehmungsakt sich keineswegs im bloßen Gegebensein von Inhalten erschöpft. In dem schon zitierten Text spricht Aristoteles nicht vom Vorhandensein einer Farbe, eines Geräusches, eines Geschmacks, sondern vom »Sehen« einer Farbe, vom »Hören« eines Geräusches, vom »Kosten« eines Geschmacks. Damit weist er darauf hin, daß das Erlebnis von Wahrnehmungsinhalten begleitet ist vom Erleben einer aktiven Tätigkeit. Diese Aktivität im Wahrnehmen äußert sich als Gerichtetsein, Zuwendung, Dabeisein oder ganz allgemein als ein Leisten. Man kann von der Willensseite der Wahrnehmung sprechen. Auch die Sprache trägt der aktiven Komponente der Wahrnehmung Rechnung, zum Beispiel in den Wörtern »er-fahren« und »wahr-nehmen«. Für höhere Grade dieser willensmäßigen Anspannung beim Wahrnehmen werden eigene Wörter gebildet, wie »Beobachten«, »Spähen«, »Horchen« und »Lauschen«.

Mit Johannes Müller, der den Begriff der Intentionalität in die Physiologie einführte und selbständig weiterentwickelte, bevor er von Brentano und Husserl erneut aufgegriffen wurde, können wir den Wahrnehmungsvorgang als einen intentionalen Akt bezeichnen. »Intentio« bedeutet wörtlich »Anspannung« und drückt damit sehr treffend den Sachverhalt aus, daß intentionale Erlebnisse »auf etwas gerichtet« sind, auf einen »Gegenstand« zielen. Man kann den Wahrnehmungsakt als polares Spannungsverhältnis von Wahrnehmungstätigkeit und Wahrnehmungsgegenstand bezeichnen, in welchem beide Pole nur in relativer Sonderung auftreten. Wahrnehmungsgegenstände sind somit weder rein subjektiv noch rein objektiv, weil sie einerseits immer mit dem leistenden Ich verbunden sind, andererseits aber immer auch darüber hinausweisen auf ein »Nicht-Ich«. Diese den Wahrnehmenden und den Wahrnehmungsgegenstand übergreifende intentionale Beziehung kann allerdings, je nach Einstellung und spezifischem Sinnesbereich, mehr mit einer Ich-Identifikation, mit einer Ich-Nähe, etwa bei einem Schmerzerlebnis, einhergehen oder mehr den Charakter der Ich-Distanz, etwa bei einem Seherlebnis, haben. Aber auch bei einem Schmerzerlebnis selbst sind noch variable Einstellungen der Ich-Nähe und Ich-Distanz möglich: Man kann sich einem Schmerz völlig überlassen oder sich bis zu einem gewissen Grad von ihm distanzieren.

Der intentionale Charakter der Sinneswahrnehmung bedeutet, daß zwischen Wahrnehmen und Bewegen kein prinzipieller, sondern nur ein gradueller Unterschied besteht. Die übliche Unterscheidung von Rezeptivität und Spontaneität muß durch eine differenzierte Betrachtung ersetzt werden, denn Wahrnehmen und Bewegen enthalten sowohl rezeptive als auch spontane Anteile, die sich bis in die physiologischen Vorgänge der Sinnesorgane und der Bewegungsorgane hinein verfolgen lassen. Allerdings überwiegt beim Bewegen die spontane, beim Wahrnehmen die rezeptive Komponente.

Demgegenüber bezeichnet der übliche, aus der alltäglichen Dingwelt stammende und in den Naturwissenschaften als absolut gesetzte Objektbegriff einen Gegenstand, der gegenüber der Wahrnehmungstätigkeit völlig invariant ist. Sein Korrelat ist ein vom Gegenstand völlig losgelöstes Subjekt, gewissermaßen ein zweites Ding, das dem Objekt völlig beziehungslos gegenübersteht. Wir sehen, wie aus dem Objektivismus notwendigerweise der psycho-physische Dualismus folgt, die »Cartesische Spaltung« der Welt ist eine »res extensa« und eine »res cogitans«. Was der Idee der »res cogitans« zugrunde liegt, ist die falsche Identifizierung des gewöhnlichen »Körper-Ich« mit dem leistenden Pol der Intentionalität. Denn die Auffassung des Ich als eines abgesonderten, im Körper eingeschlossenen und den Dingen der Außenwelt isoliert gegenüberstehenden Wesens ist nichts anderes als die Konsequenz unserer naiven, objektivistischen Auffassung der Welt.

Im intentionalen Verhältnis der Wahrnehmung zeigt sich, daß die Wahrnehmungsinhalte niemals völlig willensunabhängig sind. Mit anderen Worten: es besteht ein grundsätzlicher Indeterminismus in dem Sinne, daß wir selbst im Wahrnehmungsakt bis zu einem gewissen Grade bestimmen, was sich zeigen wird. Natürlich können wir nicht alles in der Wahrnehmung willentlich verändern, also etwa aus Rot Grün machen, aber wir können beispielsweise die Wahrnehmungsschwellen durch intentionale Willensanspannung beim Beobachten deutlich beeinflussen. Weitere Beispiele sind die schon erwähnten sogenannten geometrisch-optischen Täuschungen und unmöglichen Figuren; sie sind der Wahrnehmung nicht fest vorgegeben, sondern können durch Übung und Willensintention erheblich verändert werden. Bewegt man unter bestimmten experimentellen Bedingungen im Dunklen eine Leuchtmarke, so kann man erreichen, daß je nach intentionaler Einstellung entweder ein Kreis oder eine längliche Ellipse gesehen werden, also zwei logisch widersprüchliche Aspekte.

Intentionale Konstitution der Objektwelt

Höchst komplizierte intentionale Leistungen vollbringen wir bei der Konstitution einer objektiven Außenwelt im Wahrnehmen. Wir bewegen uns an ruhenden Gegenständen vorbei, es treten perspektivische Verschiebungen im Wahrnehmungshorizont auf, aber dennoch werden die Gegenstände als ruhend wahrgenommen. Wir lassen unsere Hand über einen Gegenstand gleiten; wir erleben ständig neue Sinnesinhalte, aber wir nehmen ein- und dasselbe Ding wahr. Wir sehen unser Spiegelbild, aber wir lassen es nicht als ein hinter dem Spiegel befindliches Objekt gelten, obwohl es sich optisch-phänomenal nicht von einem solchen unterscheidet. Alles dies zeigt, daß die sogenannte objektive Außenwelt im Wahrnehmungsprozeß nicht fest vorgegeben ist, sondern auf bestimmten intentionalen Entscheidungen beruht, die wir im Wahrnehmen unaufhörlich treffen, indem wir andere Aspekte unterdrücken oder nicht ernst nehmen.

Die Intention auf eine invariante Welt äußerer Objekte ist nur einer unter vielen Aspekten der Wahrnehmung. Es ist eine Leistung des wahrnehmenden Ich, das auf Strukturen intendiert, die gegenüber der eigenen Bewegung invariant bleiben, also willensunabhängig sind. Damit erweist sich die Invarianz der Objektwelt als Gegenpol des leistenden und handelnden

Ich. Das Wort »Wirklichkeit« bezeichnet sehr treffend diesen Aspekt: Wirklichkeit ist die Welt, in der wir wirken.

Reine Phänomenalität oder Berücksichtigung der Intentionalität ist nicht Wirklichkeit, sondern Gegebenheit. Man kann sich dies an einem Beispiel verdeutlichen: Wenn man ein optisches Nachbild auf einer Wand sieht und daneben ein genau gleiches, an die Wand gemaltes Bild, so lassen sich beide phänomenal nicht unterscheiden. Erst wenn wir aktiv handeln, etwa den Blick bewegen, uns der Wand nähern oder uns von ihr entfernen, treten Unterschiede zwischen beiden Bildern auf, die uns unter Berücksichtigung unserer eigenen Bewegungen das Urteil erlauben, daß das Nachbild dem Auge und das gemalte Bild der objektiven Wand angehört.

Der Einheit unseres Ich entspricht die intentional durchgehaltene Einheit im Wahrnehmen, die Invarianz des Objekts. Wie stellt sich diese Invariantenbildung dar, wenn eine zeitliche Folge von Sinneswahrnehmungen intentional zusammengefaßt wird? Nach dem früher Gesagten ist das Erlebnis der Kontinuität im Wahrnehmen kein Gegenstand der phänomenalen Sinnesmannigfaltigkeit, sondern hängt mit dem Leistungscharakter des Wahrnehmens zusammen. Das aktive Willenselement, die Intentionalität ist es, welche die momentanen Sinneseindrücke mittels der Erinnerung und Erwartung zu einer kontinuierlichen Zeitgestalt verbindet. Durch den gerichteten Willen, der das instantane Sinneserlebnis übergreift, erhält das Erfahrbare zugleich eine Richtung auf die Zukunft.

Was bedeutet dies für die wissenschaftliche Erfahrung? Wenn wir durch die Zeit hindurch mehrmals die gleiche Sinneserfahrung machen, was dem Prinzip der Wiederholbarkeit in den experimentellen Wissenschaften entspricht, so verknüpfen wir die Einzelphänomene durch unsere Willensintention zu einer Gesamtgestalt, die auf einer intentionalen Invariantenbildung beruht, indem die Einzelereignisse jeweils als identisch bestimmt und so zu einer Gleichheitsklasse verknüpft werden. In dieser willentlichen Verknüpfung der Sinnesphänomene sehe ich den Grund für den Voraussagewert von Beobachtungen im Sinne des induktiven Schließens.

Aus der bloßen Konstatierung von Sinnesphänomenen, ohne willensgetragene Intuition, erwächst noch keine Voraussagbarkeit, keine Richtung auf Zukünftiges. Hier liegt ein berechtigter Aspekt pragmatischer Ansätze, die sogenannte wissenschaftliche Tatsachen im Hinblick auf die Voraussagbarkeit von Ereignissen interpretieren. Wohl niemand hat diesen Aspekt treffender formuliert als Peirce, der Stammvater des Pragmatismus: »Wenn der Experimentator von einem Phänomen spricht, so meint er nicht ein bestimmtes Ereignis, das sich für irgend jemand in der toten Vergangenheit abgespielt hat, sondern er meint das, was sich mit Sicherheit in der lebendigen Zukunft für jeden ereignen wird, der bestimmte Bedingungen erfüllt. Ein Phänomen besteht darin, daß, wenn ein Experimentator nach einem bestimmten geistigen Modell handelt, sich etwas ereignen und die Zweifel der Skeptiker erschüttern wird, wie das himmlische Feuer auf dem Altar des Elias.«

Wenn beispielsweise der Arzt von der Wirksamkeit eines Arzneimittels spricht, so interessiert ihn im Grunde nicht die

Tatsache, daß das Mittel bei so und so vielen Patienten gewirkt hat. Das ist Vergangenheit. Was ihn wirklich interessiert, ist die Frage: »Was kann ich erwarten, wenn ich das Medikament künftig bei meinen Patienten anwende?« Danach richten sich seine konkreten Entscheidungen und sein ärztliches Handeln.

Die Frage nach der Voraussagbarkeit auf Grund wiederholter Sinneswahrnehmungen führt uns auf den Zusammenhang von Wahrnehmung und Wahrscheinlichkeit. Wahrscheinlichkeit ist die intentionale Erwartung künftiger Wahrnehmungen, die sich mit der Wiederholung gleicher Wahrnehmungen verstärkt. Alle Wahrscheinlichkeitsvoraussagen, wie induktive Schlüsse im allgemeinen, beruhen meines Erachtens auf willentlichen Entscheidungsprozessen. Ob ein Ereignis wirklich eintreten wird, kann man nicht beweisen; man kann sich nur entscheiden, so zu handeln, als ob das Ereignis eintreten wird.

In der intentionalen Wiederholung von Wahrnehmungen spielt sich zugleich ein Entscheidungsprozeß des Wahrnehmenden ab. Er bleibt nicht derselbe, sondern bildet seine Fähigkeiten für jede folgende Wahrnehmung weiter aus. Sehr deutlich bemerkt man dies bei wiederholten Wahrnehmungsübungen oder auch beim Experimentieren, wo man mit fortschreitender Wiederholung und Abwandlung von Versuchen neue Erfahrungen macht oder neue Einfälle bekommt.

Wer sich mit der Wahrnehmung des Menschen befaßt, wird in einen Bereich geführt, der vor und zwischen allen positiven Wissenschaften liegt. Die Sinneslehre als autonome Wissenschaft ist ein Niemandsland zwischen den etablierten Disziplinen. Gerade dadurch ist sie berufen, bei einer Neubesinnung auf die Grundlagen der Wissenschaften mitzuwirken und neue Erkenntniswege zu bahnen.

ZUM VERHÄLTNIS VON ANTHROPOSOPHIE UND HOCHSCHULE

Herbert Hensel (Manuskript vom 1. 12. 1982)

Ausdruck der neuzeitlichen Bewußtseinsentwicklung des Menschen ist der Schritt vom Offenbarungsglauben und vom Empfangen von Erkenntnisinhalten zur aktiven Tätigkeit des menschlichen ICH im Erkenntnisprozeß. Der in dieser Entwicklung wirkende geistige Impuls hat die moderne Naturwissenschaft hervorgebracht; er liegt auch der Anthroposophie zugrunde, die diesem Impuls durch alle Erfahrungsbereiche hindurch konsequent folgt, wogegen die sinnlich-empirische Wissenschaft infolge künstlicher, nicht im Wesen der Sache liegender Erkenntnisgrenzen auf halben Wege stehengeblieben ist.

Das heutige wissenschaftliche Bewußtsein will in freier, ichhafter Selbsttätigkeit am Erkenntnisprozeß teilhaben. Der Mensch ist nicht Zuschauer eines auch ohne ihn unverändert abrollenden Weltgeschehens, er ist vielmehr Mitgestalter dieses Geschehens, indem er im Erkennen eine Art höherer Naturkraft hervorbringt und sich so im Weltprozeß schöpferisch betätigt.

Die Offenbarung von Erkenntnissen und deren verstandesmäßige oder gemüthafte Aneignung trägt heute nicht mehr und bringt keinen inneren Fortschritt. Sie trägt vor allem dann nicht, wenn es darum geht, Inhalte in der Öffentlichkeit verantwortlich zu vertreten. Nur was im eigenen Erkenntnisprozeß selbständig erarbeitet ist, kann dem Anspruch genügen, der heute mit Recht an eine wissenschaftliche Aussage gestellt wird. Rudolf Steiner hat eindringlich darauf hingewiesen, daß die bloße Wiedergabe mitgeteilter Inhalte nichts hilft. »Es hilft nur dasjenige, was auf eigenem Grund und Boden wächst, aber so, daß es gegenständlich wird und vom Willen durchsetzt« (Protokoll des Siebener-Ausschusses, Stuttgart, 30. Januar 1923).

Es hängt mit dem besonderen Schicksalsverlauf Rudolf Steiners zusammen, daß die Anthroposophie zunächst in großartigster Weise als Offenbarung, als »Emanation«, wie er sagt, geschaffen wurde. Er sah aber darüber hinaus die innere Notwendigkeit, gemäß der Entwicklung des modernen Bewußtseins, Anthroposophie nicht nur als einmalige Offenbarung zu verstehen, sondern als eine allmählich zu vollziehende Erkenntnis, als Wissenschaft im strengsten Sinne sowohl für denjenigen, der sie inauguriert, wie für diejenigen, die sie nachvollziehen wollen. Diese immerwährende »Schöpfung aus dem Nichts« (GA Nr. 107, Vortrag vom 17. Juni 1907) stellte den Schüler auf eigene Füße und machte es möglich, daß dieser ganz unabhängig von direkter persönlicher Belehrung durch den Lehrer wurde.

Abgesehen von den allgemeinen erkenntniswissenschaftlichen Schriften ist es das Werk »Anthroposophie. Ein Fragment«, in dem Rudolf Steiner erstmals Inhalte der Anthroposophie in streng fundierter wissenschaftlicher Weise entwikkelt. Hier werden nicht Resultate geisteswissenschaftlicher Forschung mitgeteilt, sondern der Leser wird auf den Weg gebracht, Schritt für Schritt in eigener Tätigkeit die Inhalte selbst zu erarbeiten. Die ungeheuren Schwierigkeiten, vor denen Rudolf Steiner bei diesem Unterfangen stand, hat er in den Ausführungen, die dem Werk beigegeben sind, selbst beschrieben. Es waltet eine eigentümliche Tragik in der Tatsache, daß dieses Werk unvollendet geblieben ist. Offenbar war die Vollendung der Aufgabe, sowohl eine anthroposophische Bewegung und Gesellschaft zu inaugurieren und zu führen, als auch die Anthroposophie als Ganzes wissenschaftlich zu fundieren, in einem Leben nicht möglich. Um so mehr gilt es heute, alle Kräfte anzustrengen, um die Wissenschaftlichkeit der Anthroposophie – unter Ablehnung der Anthroposophie als Emanations- und Offenbarungslehre – darzutun und in diesem Sinne weiter zu arbeiten.

Für Rudolf Steiner war es besonders schmerzlich, daß er infolge der Zeitumstände sich nicht vor kompetenten Wissenschaftlern äußern konnte: »Würden die Gelehrten nicht so faul sein gegenüber geistigen Betrachtungen, so hätte Geisteswissenschaft es nicht nötig, bloß vor gebildeten Laien sich geltend zu machen, denn sie kann mit den höchsten wissenschaftlichen Vorstellungen rechnen und rechnet bis zu diesen höchsten wissenschaftlichen Vorstellungen auch mit aller Exaktheit, weil sie sich ihrer Verantwortung bewußt ist« (GA Nr. 291, Vortrag vom 20. Dez. 1920).

Die wissenschaftliche Tätigkeit der Hochschulangehörigen kann sich nur in völliger Freiheit vollziehen. Eine Bindung kann es nur an den eigenen Entschluß zur Wahrheitssuche, aber nicht an für wahr gehaltene Inhalte geben, seien sie anthroposophischer oder sonstiger Art. Zu deren Revision muß der Wissenschaftler stets bereit sein. Er muß in der Lage sein, jenen geistigen Schwebezustand auszuhalten, der sich daraus ergibt, daß er sich niemals in einem statisch gesicherten geistigen Bezirk einrichten kann.

Eine zentrale Aufgabe der Hochschule sehe ich in der Arbeit an der Erkenntniswissenschaft Rudolf Steiners. Ein solcher Ansatz macht geistig nicht unfrei, da er keine Erkenntnisresultate vorwegnimmt; vielmehr beruht er auf einem freien Entschluß zu einer bestimmten Methode. Wenn die Hochschule sich entschließt, diesem Bereiche eine zentrale – aber gegenüber allen Erkenntnisbemühungen offene – Stellung einzuräumen und dies auch ausspricht, so liegt darin keineswegs eine fragwürdige Einseitigkeit oder ein Verstoß gegen das Pluralitätsprinzip. Wenn man Pluralität im Sinne Spinners als interinstitutionelle Pluralität versteht, bei der verschiedene geistige Richtungen von jeweils verschiedenen Institutionen vertreten werden, dann ist es nicht nur legitim, sondern geradezu notwendig, wenn angesichts des erdrückenden Übergewichts materialistischer und positivistischer Grundpositionen zumindest eine Institution die Erkenntniswissenschaft im Sinne Rudolf Steiners besonders pflegt.

Die konsequente erkenntniswissenschaftliche Arbeit eröffnet zugleich einen sicheren, klar überschaubaren Weg in die Geisteswissenschaft. »Es ist der Weg, welcher durch die Mitteilungen der Geisteswissenschaft in das sinnlichkeitsfreie Denken führt, ein durchaus sicherer. Es gibt aber noch einen anderen, welcher sicherer und vor allem genauer, dafür aber auch für viele Menschen schwieriger ist. Er ist in meinen Büchern ›Erkenntnistheorie der Goetheschen Weltanschauung‹ und ›Philosophie der Freiheit‹ dargestellt. Diese Schriften geben wieder, was der menschliche Gedanke sich erarbeiten kann, wenn das Denken sich nicht den Eindrücken der physisch-sinnlichen Außenwelt hingibt, sondern *nur sich selbst*. Es arbeitet dann das reine Denken, nicht das bloß in Erinnerungen an Sinnliches sich ergehende in dem Menschen, wie eine in sich lebendige Wesenheit. Dabei ist in den genannten Schriften nichts aufgenommen aus den Mitteilungen der Geisteswissenschaft selbst. Und doch ist gezeigt, daß das reine, nur in sich arbeitende Denken Aufschlüsse gewinnen kann über die Welt, das Leben und den Menschen. Es stehen diese Schriften auf einer sehr wichtigen Zwischenstufe zwischen dem Erkennen der Sinnenwelt und dem der geistigen Welt. Sie bieten dasjenige, was das Denken gewinnen kann, wenn es sich erhebt über die sinnliche Beobachtung, aber noch vermeidet den Eingang in die Geistesforschung. Wer diese Schriften auf seine ganze Seele wirken läßt, der steht schon in der geistigen Welt; nur daß sich diese ihm als Gedankenwelt gibt. Wer sich in der Lage fühlt, solch eine Zwischenstufe auf sich wirken zu lassen, der geht einen sicheren Weg, und er kann sich dadurch ein Gefühl gegenüber der höheren Welt erringen, das für alle Folgezeit ihm die schönsten Früchte tragen wird« (GA Nr. 13, S. 254). Sinngemäß gilt dies auch für die »reine« Wahrnehmung. Der von Rudolf Steiner angegebene Übungsweg, sich in die von allem Vorstellungsmäßigen befreiten Sinnesqualitäten intensiv zu versenken, in ihnen zu leben, stellt einen der abendländischen Zivilisation gemäßen Weg in die Imagination dar (GA Nr. 322, Vortrag vom 3. Okt. 1920).

Diese Zwischenstufen sind für eine Hochschularbeit von besonderer Bedeutung, weil sie in systematischer und überschaubarer Weise eine Brücke vom gewöhnlichen wissenschaftlichen Bewußtsein zum geisteswissenschaftlichen Erkennen schlagen.

Aus der Frage nach dem Verhältnis von Geisteswissenschaft und physisch-empirischer Wissenschaft, oder von Anthroposophie und Anthropologie, ergibt sich ein weiterer Ansatz für die Arbeit der Hochschule. Da es sich bei beiden Bereichen um verschiedene Wirklichkeitsebenen handelt, zwischen denen ein direkter Übergang nicht möglich ist, müssen sie jeweils nach ihren eigenen Methoden und Gesetzmäßigkeiten behandelt werden. Rudolf Steiner hat wiederholt betont, daß man durch Geisteswissenschaft nicht etwa dasselbe finden könne wie durch »sinnenfällig-empirische«

Forschung. Vielmehr stehen beide Bereiche in einem komplementären, sich gegenseitig ergänzenden Verhältnis.

Die Bedeutung der Anthroposophie für die empirischen Wissenschaften liegt vor allem darin, daß sie Anregungen gibt und neue Fragestellungen aufwirft, die dann von der empirischen Forschung aufgegriffen und selbständig bearbeitet werden können. Das bedeutet keine Beschränkung der geistigen Freiheit des Forschers, da er die Antworten auf die Fragen durch eigene Arbeit finden muß. Im Gegensatz dazu steht die unter anthroposophischen Wissenschaftlern weitverbreitete, auf Rechtfertigungsdenken beruhende Methode, gewisse Aussagen der Anthroposophie a priori als absolute Wahrheit zu setzen und diese dann durch Zusammensuchen bekannter Tatsachen aus der wissenschaftlichen Literatur zu stützen. Abgesehen davon, daß dabei nichts Neues herauskommt, geht diese Methode an der Wahrheitsfrage vorbei und schadet sowohl der Anthroposophie wie der empirischen Wissenschaft.

Eine Aufgabe von zentraler Bedeutung ergibt sich für die erkenntnistheoretische und forscherische Arbeit der Hochschule dadurch, daß die angebliche Tatsachenforschung in Wirklichkeit von materialistischen und positivistischen Vorurteilen und einem reduktionistischen Methodenzwang geprägt ist. Die Befreiung aus diesen nicht im Wesen der Wissenschaft liegenden Fesseln läßt die Entwicklung neuer, bisher brachliegender Wissenschaftsgebiete erwarten und führt von der sinnlich-empirischen Seite her zu einer Konzeption, die sich im Sinne der Komplementarität mit den Resultaten der Anthroposophie zu einer Gesamtauffassung vereinen läßt. Rudolf Steiner hat dieser Um- und Neugestaltung der empirischen Erkenntnisse, die sich durch ein kompromißloses Streben nach Wahrheit ergibt, für das Hochschulstudium entscheidende Bedeutung beigemessen.

Hieraus ergibt sich für einen anthroposophisch orientierten Hochschulunterricht eine einzigartige Chance. Bisher waren alle Studiengänge notgedrungen so angelegt, daß der Student sich sein empirisches Wissen an den konventionellen, vom Materialismus und Positivismus geprägten Universitäten erwerben mußte und die Beschäftigung mit der Anthroposophie in studienbegleitenden oder Postgraduierten-Kursen nebenher lief. Für die neue Hochschule eröffnet sich erstmals die Möglichkeit, daß der Student auch die empirischen Inhalte in einer Form aufnehmen kann, durch die das Spirituelle hindurchleuchtet.

Für die Gestaltung des Hochschulunterrichts liegen von Rudolf Steiner nur gelegentlich skizzenhafte Bemerkungen vor, aber keine geschlossene Konzeption wie etwa bei der Waldorfpädagogik. Um so mehr sind wir aufgerufen, eine solche Konzeption selbst zu erarbeiten.

Einige Ausführungen gibt es über eine Reform des Medizinstudiums. Danach sollte die Ausbildung des Arztes sich in einen ersten exoterischen Teil und einen anschließenden esoterischen Teil gliedern. Im exoterischen Teil erwirbt sich der Student die für den Arztberuf unerläßlichen empirischen Kenntnisse, und zwar in einer Form, die sich mit den von der Anthroposophie herkommenden Gesichtspunkten vereinen läßt, also dem schon erwähnten »Zwischenweg« entspricht. Der esoterische Teil der Ausbildung dient der Kräftigung des Heilerwillens durch meditative Übungen. Zur Frage, inwieweit solche Meditationsübungen in irgendeiner organisierten Weise gepflegt werden sollen oder können, hat sich Rudolf Steiner im Rahmen einer Fragenbeantwortung für Medizinstudenten geäußert: »Es sollte gerade bei solchen Meditationen sich wirklich darum handeln, persönliche Entwicklung anzustreben. Man sollte aus dem, was sich da dem Geiste ergibt, dann den Zusammenschluß suchen und findet ihn auch. So daß eigentlich am bedrückendsten sein müßte, wenn in ganz bestimmter Weise Maßregeln gegeben würden, um diese Meditationen, sei es von einzelnen oder von einer ganzen Gruppe, wie sie sagen, gleichzeitig machen zu lassen. Das alles führt ja auch dazu, daß die Meditation etwas verliert, was sie eigentlich haben soll. Sehen Sie, jede Meditation wird dadurch beeinträchtigt, daß man von der Verpflichtung ausgeht, sie zu machen. Das müssen Sie sehr genau ins Auge fassen... Deshalb ist es bei den persönlichen Meditationen durchaus notwendig, daß diese persönliche Meditation allmählich übergeht in etwas im Menschen, was er seelisch empfindet wie einen Durst nach der Meditation... Wenn die Meditation etwas wird, ohne das man nicht sein kann, das man der Seele gegenüber fühlt, als ob es zum ganzen Leben der Seele gehörte, dann ist die Meditation richtig empfunden« (GA Nr. 316, Vortrag vom 22. April 1924). Es handelt sich hier um einen ganz persönlichen, auf dem freien, spontanen Entschluß der einzelnen beruhenden Bereich, der nicht Inhalt eines formalen Ausbildungsprogramms sein kann, sondern dem individuellen Verhältnis von Persönlichkeiten überlassen bleiben muß.

KARL-ERNST SCHÄFER

ZUM LEBENSWERK KARL-ERNST SCHÄFERS

born 19 April 1912
died 30 December 1981

Karl Schaefer's first words to me revealed a previous agenda. »I have heard about you«, he said, »I want to talk to you about something.« The conversation did not take place until some months later, but when it did, my sense that Karl already knew who I was and had a project for me was confirmed. He had a writing assignment. It became my first publication and a crucial step in my own development. But how is it that a stranger, a man whom I knew by name only, had been the one to ask this of me?

I think the story ist typical of Karl, and many of the people he brought together would recognize it. His *modus operandi* shows through. He had a penchant – actually a genius – for bringing people to each other and to tasks. We all depended on the »networks« he created, networks which linked both people and ideas. His human networks seemed to stretch across America and Europe, and this ability to relate the work of very varied minds was almost uncanny – he always seemed to see a connection. Of course these varied personalities were interested in each others work and there *was* an affinity between the problems they addressed, but most of us would have to admit that it took Karl to realize this. Without him the connection would not have been made.

Karl's drive to find these connections and ability to do so followed, at least to my mind, from two very clear aspects of his own character. The first of these was his »American« attitude. Karl did not come to America until after the war, but he seemed to partake of an impulse typical of the American – he wanted to get things done – to bring the will to action. Many of his friends would not have realized, how lethargic they had become, if it were not for Karl's constant pressure. He would pay attention to the slightest remark – a commend on something read, a passing idea – and say »why not write an article on that? Or perhaps we could arrange a conference? I think so-and-so would be interested –«. It was, as if time had become a very serious problem for him. He did not want the passing opportunity to be lost. He often looked for characterizations of the age, in the works of Rudolf Steiner and others, and bent his thought upon the developments, that *should* be taking place. The time was fertile.

Of course, Karl had an unusual grasp of human personality. This may have derived, at least in part, from a personal experience, one that he took to be typical of our time. The experience itself – his near drowning while on the bridge of an U-boat – is recounted in the following paper. The inspiration it brought becomes immediately visible through his remarks on the experience itself and his passage in the paper to his experiments with sensory-deprivation tanks. When I listened to that story for the first time – in a luncheon setting – I was astonished by its relation to the experiments he conducted later and said »but all your work since has followed from that«. Karl grinned and returned: »And yours too, from your own experience«. I had recounted a tale of my own earlier, prompting Karl to tell his. Yet I had not seen, until that moment, what effect those events had had on my own life. Karl saw this immediately and showed me by telling the U-boat story. After my reaction he need only point to the story I had given to him. I could not help but see.

But the first fact, that Karl had seen before I did – that he had been able to relate the events of my life to the inner quality of my work – reveals the second characteristic I want to discuss. Karl knew, what »inspiration« was like, he followed it in himself and recognized it quickly in others. He seemed to detect the power, that Goethe termed »the daimonic« – those impulses, that the human being brought to his or her thinking, for which thinking becomes a means of manifestation. The recognition of this inner directive is crucially important to a grasp of the human ego in our day, and a key to the understanding of individualized thought.

When human beings meet today – in a world fragmented by an extraordinary diversity of intellectual positions – these divisions of thought make real communication extremely difficult for all but those who are members of the same »school«. We possess neither a common epistemology nor any universal cultural premises, that could form a basis for discussion. Due to this lack the intellectual life of our times has become decidedly anti-social. The thought of another is most often greeted with antipathy.

The cold surface of another's thought seems to dissolve, when we look through that thought to the impulse behind it, and realize, that the terms, concepts and approaches, used to construct his position, were gathered from the cultural materials available to the individual and as such represent a compromise with the times. We do not bring forward our inspiration in any purity but rather through whatever devices we could find in the culture about us, and these means are quite often very inadequate to the task. For this reason the surface of thought, its objectifiable terms, concepts and argumentative structures, present a physiognomy of the spirit, that can only mislead, when looked *at* rather than *through*. It is a face and like all faces its interest lies in its transparency to the inward person.

To recognize the inner impulse struggling through an inadequate or even alien set of intellectual clothing – and to reflect back this recognition by negating the intellectual differences in order to affirm the value of the inspiration – this is the communal act of thinking in our day. It was this act that founded Karl's extensive networks and allowed him to bring so many diverse minds into the same conversation. He »gave us his eyes«, that we might see the other, and affirmed our insight, that we might want to communicate it. Glance at what Karl can say about his friend Suzanne Langer in the short paragraph of the following paper. Indeed, the remarks are not only short but almost in »shorthand« as well, but under careful scrutiny they reveal a closely worked cameo of Karl's experience of people.

It was for this reason, that his loss was so heavy to those of us, that depended upon his networks and so demanding as well. If Karl had withdrawn, was this not one more push from him to undertake something more, to get something done? The immediate defeat we all felt with the news of his death seems to have gradually metamorphosed into a new sense of responsibility. A network is established and maintained by a series of actions, but it is rooted in an understanding of the human being. We cannot make substitution for the agency of an individual, but his understanding has become the very atmosphere, through which his friends communicate with each other. There remains only the concretizing instance, the daily going forth to meet the other, the alien thought of our age, as a face, as expression of the ego. And the insight for those, who gain such eyes, that the deed of the individual ego is the social universal of our time.

Ronald Brady

ICH-IDENTIFIZIERUNG UNTER AUSSCHALTUNG ALLER SINNESREIZE*

Karl-Ernst Schäfer

Bei der Diskussion um einen neuen Erfahrungsbegriff fordert Hensel das Ich-hafte, unmittelbare Dabeisein, die Ich-Identifizierung, als die dem Zeitalter der Bewußtseinsseele gemäße Form der Begründung unseres Wissens und Erkennens. Weiter hebt Hensel hervor, daß der Objektivismus der modernen Wissenschaft sich als eine Art »Selbstvergessenheit« der Wissenschaften repräsentiert; letztere ist verbunden mit einer Tätigkeitsblindheit. Wenn man auf das Ich als das Schlüsselwesen des Menschen blickt, dann braucht man einen andersartigen Einstieg in die Problematisierung von Fragen. Im Gegensatz zur Hypothese, die das Vermutete gedanklich formuliert und damit ein Verständnis zu erreichen sucht, wird bei der Icherfahrung die Tätigkeit dieses Aktes in den Vordergrund gestellt. Von diesem Gesichtspunkt aus hat Hensel in verschiedenen Aufsätzen die aktive Seite der menschlichen Sinneswahrnehmung betont. Das hat seinen Niederschlag in vielen Arbeiten über dieses Thema gefunden, so in dem voranstehenden Artikel dieses Bandes und in den Beiträgen der Verhandlungen des internationalen Symposions 1973 in Herdecke (Hensel, 1979).

* Vortrag vom 11. Oktober 1980, Symposium der Freien Europäischen Akademie der Wissenschaften in Herdecke. Nachschrift einer Tonbandaufnahme, deren sprachlicher Duktus nach dem Tode Schäfers nicht verändert wurde. Die hier geschilderten Versuche, die in der wissenschaftlichen Öffentlichkeit großes Aufsehen erregt haben, beweisen, daß das Ich innermenschliche Bezüg herstellt, die zur Erhaltung des Leibes notwendig sind.

Ich möchte jetzt über Ich-Identifizierungen unter Bedingungen berichten, in denen sowohl die aktive Seite der Sinneswahrnehmung als auch jede Bewegung des Körpers völlig ausgeschaltet werden.

Bevor ich darauf eingehe, möchte ich diese Arbeit in einen gewissen zeitlichen Rahmen stellen und einen Abriß geben über die Entwicklungen des Ich-Konzepts der Wissenschaft der letzten drei Jahrzehnte. Und das möchte ich in Bildern beschreiben. Ich folge damit den Bemerkungen Rudolf Steiners (1911), daß das Ich eigentlich in Bildern lebt, und zwar in solchen aus dem Bereich der Sinneswahrnehmung und der Bewegung. Deshalb habe ich meinen Vortrag so aufgebaut, daß ich hauptsächlich Bilder bringe.

Das erste Bild betrifft das Buch von Warren McCullogh mit dem Titel »Embodiments of Minds«. Er war der Führer der Kybernetiker in den USA; ein ungewöhnlicher Mensch, der die Kybernetik in die Medizin und Biologie einführte. Er arbeitete am Massachusetts Institute of Technology in Boston und hatte ganz ungewöhnliche Menschen um sich gesammelt. Es war eine Gruppe von Menschen mit unglaublicher Intelligenz, und alles war darauf ausgerichtet, diese Kybernetik auszuarbeiten.

In seinem Labor hing eine Karte mit den Namen aller Philosophen von Thales bis Heidegger. Alle Materialisten waren dort unterstrichen, die Idealisten hingen an der Seite. Eine Karte der Welt zeigte die Zentren der Kybernetik in Boston, Chicago, London, Nantes, Moskau und Nowo-Sibirsk. Und auf diese Weise sah man, wie sich diese weltweite Bewegung ausbreitete. Auf dem Schreibtisch lagen zwei Bücher: das eine war Leibniz' Monadentheorie; McCullogh erklärte mir, daß man die Monaden sehr leicht in »bits of information« umsetzen könne. Das andere Buch war von Eduard von Hartmann:

»Das Unbewußte«, und er sagte: »Das ist *das* Buch, Freud hat überhaupt nichts gewußt, nur dieser Eduard von Hartmann!«

McCullogh und seine Gruppe waren sehr damit beschäftigt, die »Löcher« im Zentralnervensystem zu schließen. Er meinte damit die Synapsen. Rudolf Steiner hat einmal die Synapse als das Loch bezeichnet, wo das Seelische einspringt. Das ist nur ein Bild. Ein katholischer Wissenschaftler würde natürlich alles daransetzen, dieses Loch offenzuhalten, um Gott hereinkommen zu lassen. Aber die Kybernetiker wollen das Loch eben zustopfen.

Ein anderes Bild von McCullogh ist noch bezeichnend: Er reiste in der Welt umher, um sich die jungen Leute zwischen 18 und 22 Jahren mit der größten Roh-Intelligenz (d. h. unverfälscht durch kulturelle Einflüsse) zur Mitarbeit an dieses Institut heranzuholen. Dort wurde versucht, mit dem »Embodiment of Mind« das Ich zum Verschwinden zu bringen. Dies war die Tendenz in den fünfziger Jahren.

Eines habe ich bei ihm erlebt: Er haßte Freud wie die Pest. Und er ist so weit gegangen, daß er nach Paris gefahren ist und in der Salpêtrière die Krankengeschichten nachgelesen hat, die Freud geschrieben hatte; und dann hat er freudestrahlend berichtet, daß alles das »Mist« war, was der Freud da gemacht hatte! Ich habe mich immer gefragt, warum haßt der Mann den Freud so? Und es ist mir klar geworden, daß Freud, wie Allport sagte, unbeabsichtigterweise das Persönliche in der Medizin erhalten hat zu einer Zeit, in der der Reduktionismus und der Objektivismus alles überschwemmten. Und McCullogh haßte den Freud einfach, weil er ihn nicht beseitigen konnte. Da habe ich einmal angefangen, mir Freud von einer gewissen anderen Seite anzusehen. Das war die Zeit, in der die Kybernetiker das Ich vollkommen beseitigen wollten.

Das Buch von Suzanne Langer »The Mind, a Study in Feeling« hat schon einen unerhörten Titel; Frau Langer ist eine ganz ungewöhnliche Philosophin. Sie ist sehr bekannt in Amerika. Sie ist deutscher Abstammung, aber in Amerika geboren. Sie war die erste Philosophie-Studentin von Whitehead. Sie hat mit 22 Jahren ein Buch über Logik geschrieben. Sie hat ein besonderes Vermögen, das Gefühl für ästhetische Formen mit der Logik zu verbinden. Sie hat drei weitere Bücher geschrieben und darin ein neues Konzept eingeführt, das »Act-Concept«, auf dem sie ein Ich-Konzept aufgebaut hat. Ich kenne sie sehr gut, ich bin ihr biologischer Berater. Sie ist ein sehr interessanter Mensch, sie weiß alles im voraus. Sie wacht morgens auf und weiß bereits alles, was sie schreiben will, und dann fragt sie mich nach den Referenzen. Interessanterweise findet man immer das, was sie vorher schon wußte. Sie ist ein wiedergeborener »Thomist« aus der Scholastik. Sie ist eine hochspirituelle Person, muß aber alles in ganz materialistische Verkleidung bringen. Das Interessante ist, daß das Spirituelle doch immer durchscheint. –

Das Buch von Popper und Eccles »The Self and its Brain« (1977) trägt einen für Amerika ganz ungewöhnlich ketzerischen Titel. Darin hat Popper eine Dreigliederung der Welt entwickelt, die recht interessant ist. Professor Eccles, der berühmte Physiologe, ist Katholik: er gehört zu den päpstlichen Rittern und ist auch so ein »Loch-Sucher«: Wo die Löcher sind, da kommt Gott herein. Und die meisten Wissenschaftler sagen, der hat ja interessante wissenschaftliche Arbeiten gemacht, aber wenn er philosophisch wird, da hören wir nicht mehr zu. Die Wissenschaftler sind interessiert daran, was Popper macht, weil sie keine Ahnung von Philosophie haben, und bei den anderen ist es umgekehrt. Das Buch hat aus diesem Grund eine große Wirkung gehabt.

Nun zur Entwicklung auf dem Gebiet der Sinneswahrnehmung. Wissen Sie, wie das begonnen hat? Das kam eigentlich durch die Erfahrungen im koreanischen Krieg. Einige sehr geschickte amerikanische Journalisten haben das Wort »Brainwashing« erfunden und diese Gehirnwäsche so beschrieben, wie die Chinesen sie angeblich an einigen Soldaten durchgeführt haben. Der Begriff wurde dadurch populär. Ein sehr geschickter Psychologe in Montreal hat seinen Schülern den Auftrag gegeben, doch eigene Studien durchzuführen. Dieser Psychologe Hebb und seine Mitarbeiter haben Leute in Räume gelegt und ihre Arme und Beine fest eingewickelt. So haben sie verhindert, daß noch Empfindungen zustande kamen. Man kam zu allen möglichen Resultaten, u. a. auch zu Veränderungen des Sehraums. Diese ersten Berichte interessierten viele Leute. Eine große Gruppe von Wissenschaftlern hat dann ähnliche Versuche in drei Untersuchungsrichtungen durchgeführt, eine davon mit totaler Sinnesausschaltung. John Linné, ein Neurologe, benutzte die Immersion in Wasser, wo der Körper im Wasser und in einem Dunkelraum liegt. Er hat die erste außerordentlich eindrucksvolle Beschreibung 1956 veröffentlicht. Und die dritte Art haben wir in unserem Labor durchgeführt.

Es sind drei Symposien veranstaltet worden: eines von der Amerikanischen Gesellschaft für Psychologie (1959) unter dem Titel »Sensory Deprivation, Facts in Search of a Theory«. – Drei Jahre später hat J. Vernon, ein bekannter Forscher auf diesem Gebiet, ein Buch geschrieben »Inside the Black Room«. Und das letzte Kapitel heißt »Facts without a Theory«. – Und 1969 ist eine Übersicht herausgebracht worden über ein Symposion, der 1300 Arbeiten zugrunde liegen. Die Daten haben in geometrischer Progression zugenommen, aber hinsichtlich der Theorie ist alles beim alten geblieben. – Es gibt, glaube ich, kein Buch in der Wissenschaft, in dem ein so offenes Zugeständnis gemacht wurde, daß hinsichtlich der Theorie oder der Hypothese überhaupt nichts passiert ist. Man kann es einfach nicht erklären. Der Grund dafür ist, daß kein Konzept von dem Ich existiert! –

Jetzt müßte ich eigentlich mit einer Hypothese kommen. Aber nach dem, was Hensel gefordert hat, kann man ja eigentlich keine Hypothese bringen, und wenn ich dem folge, muß ich jetzt »die Karten auf den Tisch legen«. Dazu muß ich zwei Ich-Erlebnisse beschreiben:

Das eine war während des Krieges: Ich war auf einem U-Boot als Arzt. Wir sind zwischen Island und Nordschottland einmal aufgetaucht, und ich stand zusammen mit einem Matrosen neben dem Kommandanten auf dem Turm. Und da kam plötzlich eine Kreuz-See, die niemand hatte kommen sehen. Der Kommandant sagte noch: »Achtung«, aber da war das ganze Ding schon über uns. Nun geschah folgendes: Der Turm hat ja eine Luke, wo man hinuntergeht und den Deckel schließt, wenn getaucht wird. Nun passierte es, daß der Matrose in diese Luke fiel und mit seinem Körper die Luke offenhielt, so daß viel Wasser in das Boot eindrang. Wir waren ungefähr 2 Minuten unter Wasser. Der Kommandant wurde recht blau im Gesicht, und auch ich hatte sehr merkwürdige Erlebnisse. Ich stieg aus meinem Körper wie aus einem Paar Stiefel heraus und habe ganz gemächlich auf dieses kleine Ich geguckt, das da in diesem Körper noch irgendwie drin war, habe es aber von außen angeguckt. Das war ein hochinteressantes Erlebnis: Ich war ausgesprochen ruhig, fast vollkommen gleichgültig gegenüber dem, was da passierte. Es war ein sehr friedvolles Erlebnis; auch war es ein *Licht-Erlebnis*. Als ich wieder Luft bekam, stieg ich wieder in diese Stiefel rein. Es dauerte eben eine Weile, bis der Feldwebel unten im Boot auf die Idee kam, auf den Knopf zu drücken, um das U-Boot wieder auftauchen zu lassen. Für mich war das ein ungewöhnliches und außerordentlich anregendes Erlebnis. Ich habe etwas über die Dimension, den Sinn des Ichs im Körper, in Erfahrung bringen können. Das war das eine.

Das andere Erlebnis betrifft die Zeit, als ich in den USA an Astronauten-Trainingsflügen teilgenommen habe. Das waren parabolische Flüge in einer riesigen Maschine der Luftwaffe. Dabei erlebt man einmal überstark die Gravität, dann geht man wieder rauf und schwebt für 15 Sekunden schwerelos im Raum; da kann man auch an der Decke entlang gehen. Nun, was da mit einem passiert, ist ein interessantes Phänomen: Sie hängen in der Mitte dieses Raumes, und es ist dunkel. Dabei verlieren Sie jede Orientierung; da ist man nicht mehr da. Und dann kreuzen Sie die Handgelenke und sagen: »Hier bin ich, alles andere ist vollkommen egal.« Und in diesem Kreuzen erfolgt eine kinästhetische Sensation: Ich bin da; dieses Realitätsgefühl ist einmalig. Ich dachte noch an eine Bemerkung von Rudolf Steiner: »Das kann kein Engel erleben.« Das ist einmalig, daß man in diesem Zustand, wo man kein Bewußtsein mehr hat, sein Ich plötzlich wieder hereinziehen kann mit diesem einfachen Erlebnis des Kreuzens der Handgelenke.

Dies sind – anstelle einer Hypothese – zwei Erlebnisse. Sie waren der Grund, warum wir diese Deprivationsversuche mit vollkommener Sinnesausschaltung aufgegriffen haben. Stellen Sie sich einen echolosen Raum vor, worin jedes Wort verschwindet; es herrscht vollkommene Stille. Und da stellten wir einen riesengroßen Bottich hinein, der mit angewärmtem Wasser gefüllt wurde. Das körperwarme Wasser vermittelt ein vollkommen neutrales Gefühl. In diesem Wasser liegt man auf einem verankerten Kissen aus Schaumstoff, so daß man nicht rotieren kann. Wir hatten ein Mikrophon hinter jeder Versuchsperson stehen. In den ersten Versuchen hatten wir keine weitere Verbindung mit den Studenten. In den späteren Versuchen konnten wir EKG, Atmung und EEG ableiten. Es war die Zeit der sechziger Jahre. Gerade vor der Studentenrevolte fing es an, daß jeder sein Ich zu erforschen begann: was ist eigentlich in mir los? 1964 kam erst die Berkeley-Revolte und 1967/68 ging es überall los, auch in Berlin. – Studenten kamen von überall angefahren, um an unseren Versuchen teilzunehmen. Diese Versuche hat ja auch Linné geschildert; sie sind außerordentlich dramatisch; man bedenke: mit totaler Sinnesausschaltung.

Ich möchte noch einmal auf den Bologna-Vortrag (1911) von Rudolf Steiner zurückkommen, in dem er genau dargestellt hat, wie das Ich verbunden ist mit der Sinneswahrnehmung. Wenn Sie die Sinneswahrnehmung und die Bewegungsmöglichkeiten ausschalten, geben Sie sozusagen dem Ich keine Chance mehr, sich mit dem Körper zu verbinden.

Nun stellen Sie sich vor: Sie liegen da und können sich nicht bewegen. Erst empfinden Sie noch Ihre Arme, Ihre Füße; Sie empfinden zunächst noch Einzelheiten, z.B. Ihre Finger. Nach 20–30 Minuten verschwinden die Einzelheiten, es bleibt nur noch so eine klobige Hand, und die verschwindet dann auch, und schließlich verschwinden der Körper und die Beine aus dem Bewußtsein. Was übrigbleibt, ist ein dumpfer Druck dort, wo sie aufliegen. Der Körper verschwindet mit allen seinen Einzelheiten. Zur selben Zeit ändert sich das Zeitgefühl. Die Versuchspersonen beginnen, die Zeit zu überschätzen. Sie haben das Gefühl, daß in der Zwischenzeit eine ganze Menge passiert sein könnte. Das Hochinteressante ist, daß in dem Moment, wo Sie das Körperschema verlieren, Sie auch den Bezugspunkt verlieren, und alle Ihre Wahrnehmungen sich enorm vergrößern. Die Bewegung des Augenlids wird wie ein Donnerschlag empfunden, oder, Sie konzentrieren sich auf den Puls; da wächst der Puls durch den ganzen Arm, durch den ganzen Körper; der Puls ist so mächtig, daß Sie überhaupt nicht gegen ihn ankommen können. Wir hatten z. B. einen Studenten der Yale-Universität, der Mitglied einer studentischen Singgruppe war. Dieser Student hatte natürlich viele Melodien im Kopf, doch er konnte die Melodie, die er im Kopf hatte, nicht summen, weil sie schneller als der Puls ging. Er konnte die Melodie erst singen, als er es fertiggebracht hatte, seinen Puls zu erhöhen. Man wird an pathologische Verhältnisse erinnert.

Eine andere Beobachtung: wenn man gewisse Punkte im Auge hat und die Aufmerksamkeit auf diese lenkt, fangen sie an, sich zu bewegen. Wenn man die Aufmerksamkeit wegnimmt, dann sind das nur ganz kleine Punkte im Hintergrund. In dem Moment, wo man aufmerksam wird, fangen sie wieder an zu wachsen. Im Ohr gibt es auch solche Wahrnehmungen. Am schlimmsten sind natürlich die Empfindungen im Gleichgewichtsbereich. Plötzlich bewegt sich das ganze Bekken um einen herum oder man geht rauf und runter. Diese Dinge hängen zusammen mit der Tatsache, daß der Bezugspunkt fehlt; sie hängen zusammen mit dem Verlust des Körperschemas.

Das Nächste ist folgendes: Wir hatten mit den Versuchspersonen ausgemacht, daß, wenn etwas passiert, sie »a«, »b« oder irgend etwas sagen, etwas befehlen sollten. Aber jeder hat einen Grund gefunden, daß das doch nicht so wichtig wäre, und daß man das doch noch hinterher berichten könnte. Und so hat keiner etwas gesagt. Wir sagten dann: »Ihr habt doch tolle Sachen am Ende erzählt, warum habt Ihr das nicht während der Versuche gesagt?« Die Studenten antworteten, daß da eine Verhinderung der Intension bestand. Eine gewisse Sprachhemmung war da. Wir haben hinterher diese Berichte auf

Band aufgenommen. Und es war sehr interessant, daß die Studenten in den ersten Minuten nicht reden konnten. Erst nach zwei bis drei Minuten kam die Rede in Fluß. Und wir erlebten ein interessantes Phänomen: ein Student hatte z. B. folgendes gedacht: Ich habe ein enormes Wissensreservoir, ich arbeite als Medizinstudent, ich bereite mich auf das Examen vor, ich kann das alles wunderbar zusammenfassen und verbinden – plötzlich aber hatte er keine Kraft mehr, Konzepte zusammenzubringen. Und er hatte auch gedacht: ich habe einen enormen Speicher von Erinnerungen, und dann geschah es, daß er gar keine Kraft mehr hatte, Erinnerungen heraufzuholen. Einer, der aus Kalifornien angereist war, blieb bei der Erinnerung an seine Reise am Missisippi stecken; er wußte nicht mehr, wo er den Fluß überquert hatte. Oder einer versuchte, sich an eine Bergtour zu erinnern. Er wußte nicht mehr, wie er die Tour beendet hatte; da setzte die Erinnerung eben aus. Und schließlich waren da Erlebnisse mit Phantom-Gliedern. Ein Student meinte, er habe 5 m lange, ja fast endlose Beine. Ein anderes Erlebnis-Phänomen war, daß einer vollkommen gelähmt war. Er hatte sich dann doch durchgerungen, uns über das Mikrophon hereinzurufen (er murmelte nur), und wir mußten ihn aus dem Bottich herausnehmen, denn er konnte sich nicht mehr bewegen. Wir mußten ihn erst auf die Beine stellen, bevor er wieder gehen konnte; es war nur eine Scheinlähmung. Dieses waren alles Erlebnisse eines stufenweisen Verlustes der Ich-Wahrnehmung.

Wir hatten einen Studenten der Mc Gill-Universität, der dort in Montreal einen Kurs über östliche Architektur beendet hatte. Die Studenten hatten dort drei Monate damit zugebracht, die Hagia Sophia in Pappe nachzubilden. So hatte dieser Student lebhafte Eindrücke von der östlichen Architektur, insbesondere von der Hagia Sophia. Und dieser Student sah dann ein Bild von der Hagia Sophia, kurz bevor er in das Experiment ging, bei einem unserer Wissenschaftler an der Wand hängen, nahm das Bild in seinen Gedanken mit und war in der Lage, das Bild während der Deprivation zu projizieren. Und zwar nicht, weil er das in seinem Kopf hatte, sondern er hatte es im Körper drin. So kam es zu einem *Ersatz des Körperschemas durch ein Symbol!*

Später hat dieser Student sehr interessante Arbeiten geschrieben über Ideen, die er bei diesem Versuch hatte. Ich möchte sagen, die ganzen typischen Phänomene der Deprivation hat er gar nicht erlebt. Er war der einzige in dieser ersten Gruppe *ohne* typische Deprivationssymptome. Wir haben dann vermutet, daß das die Überwindung des Verlustes des Selbst durch die Symbole darstellt. Daraufhin haben wir das Buch von Baravalle über die Sprache der Formen* genommen und die Versuchspersonen gebeten, sich daraus geometrische Figuren auszusuchen, die sie leiden mochten und die Symbolcharakter für sie haben könnten. Solche geometrischen Formen kann man, so schlossen wir, als Körperschema benutzen. So hat die nächste Gruppe versucht, sich mit den Figuren wie mit einem lebendigen Bild zu verbinden. Vier Wochen lang mußten die Studenten sich mit projektiver Geometrie beschäftigen. Sie mußten die Formen in verschiedenen Materialien nachbilden, solange bis die Eindrücke Bild geworden waren, dann hatte das auch eine Wirkung. Es kamen ganz erstaunliche Resultate zustande.

Ich will Ihnen jetzt noch einige andere Beispiele von Versuchen geben, die wir weiterhin gemacht haben. Wir haben vor und nach den Versuchen Experimente mit »optischen Täuschungen« durchgeführt und diese quantitativ ausgewertet, so

* s. Literaturverzeichnis

z. B.: Wie groß ist die optische Illusion? Nach den ersten Deprivationsversuchen war die Illusion fast oder vollkommen verschwunden. Das Ich-Bewußtsein muß diese Illusion durch eine aktive intentionale Bewegung herstellen, und die ist dann ausgeschaltet; die Versuchspersonen hatten keine Illusionen mehr. Sobald wir die Versuchspersonen trainiert hatten, behielten sie ihre optischen Täuschungen bei. Bei den untrainierten Versuchspersonen waren die Täuschungen ganz signifikant zurückgegangen. Dann haben wir auch noch farbige Nachbilder beurteilt. Und da stellte sich heraus, daß die Nachbilder nach den Deprivationsversuchen viel schwächer wurden. Intentionalität und Bewegung verschwinden besonders bei den Versuchen mit geometrischen Illusionen.

Dann haben wir dieselben Versuche gemacht wie die Hepp-Gruppe (s. oben) und dabei festgestellt, daß, nachdem die Versuchspersonen aus den Versuchen herauskamen, die Figuren verändert waren. Die Figuren waren gestört. In unserem Versuch aber waren die Figuren vollkommen unverändert. Jedoch haben wir eines vollkommen anders gemacht, wir haben Milchglasscheiben vor die Augen gesetzt und damit diffuses Licht erzeugt.

Bei den letzten Versuchen haben wir Puls und Atmung gemessen und das EEG abgeleitet. In den EEG-Darstellungen sind die Schlafstörungen dargestellt worden. Und da zeigte sich bei längerer Beobachtung und Reduktion der Pulsfrequenz, daß die Versuchspersonen in einen leichten Schlaf kamen. Der galvanische Hautwiderstand ging herauf, wie das sonst auch unter der Bedingung des Schlafes der Fall ist. In den Beispielen von trainierten Versuchspersonen hat sich die Pulsfrequenz nur geringfügig reduziert und der Hautwiderstand hat sich vermindert. Die trainierten Versuchspersonen reagieren eben physiologisch völlig anders.

Das Training der Versuchspersonen bestand also in einem intensiven Stimulieren durch vorstellendes Erleben des Bildes einer geometrischen Figur; man kann diese Art Stimulierung durch Ideen vorproduzieren, wodurch die Versuchspersonen eine größere Wachheit erreicht haben. Die sogenannten untrainierten Studenten haben wir auch für den gleichen Zeitraum stimuliert, nur mußten diese Studenten sich mit ihrem Textbuch auf ihr Chemie-Examen vorbereiten. Während das spezifische Training der Gruppe A in der Arbeit mit einer geometrischen Figur bestand, paukten die anderen der Gruppe B für ihr Examen. Die Versuchspersonen der Gruppe A verblieben im Durchschnitt 6 Stunden lang in den Deprivationsversuchen, und die Versuchspersonen der Gruppe B hielten es nur 3 Stunden aus. Auch die Adrenalin- und Nor-Adrenalinausscheidung war bei den Studenten der Gruppe B erheblich höher als bei den Studenten der Gruppe A.

Versucht man, diese Experimente zu interpretieren, reichen die üblichen wissenschaftlichen Hypothesen nicht aus. Man muß schon auf das zurückkommen, was Rudolf Steiner in verschiedenen Darstellungen ausgeführt hat. Das Ich muß auf die Sinneswahrnehmungen aktivierend wirken. Dann sind die Vorstellungen eine Abdämpfung der Ich-Tätigkeit; im Astralischen sind die Erinnerungen eine abgedämpfte Tätigkeit des Ich; im Ätherischen entstehen am Schluß die Bilder.

In solchen Bildern kann das Ich leben. Dann kann man Schritt für Schritt erleben, wie der Verlust der Sinneswahrnehmungen zustande kommt, zuerst der Verlust des Denkens und der Konzeptformierung, dann verlöschen die Erinnerungen und schließlich tritt der Verlust der Bilder auf. Und wenn sich die Vesuchspersonen nun Bilder, also Symbole schaffen, dann geben sie dem Ich Gelegenheit, wieder einzugreifen.

Rudolf Steiner hat einmal erwähnt, daß Symbole ja eigentlich nichts anderes seien als Bilder, mit denen sich der Mensch verbindet; sie stammen aus seinem Körper. Der Mensch lebt in Symbolen. Die Symbole kann man nicht gedanklich oder hypothetisch diskutieren, sondern sie sind da und mit ihnen muß man leben. Und das Interessante ist, daß die trainierten Versuchspersonen das getan haben; sie haben sich mit diesen Symbolen verbunden. Und damit haben sie sozusagen eine Ich-Stärkung bewirkt, die es ihnen erlaubte, unter den Versuchsbedingungen zu existieren.

Rudolf Steiner sagte auch (1911): »Das Ich lebt in dem Licht der Sinneswahrnehmungen, und wenn der Mensch nach außen verschlossen ist, dann muß er eine Tür nach innen aufmachen.« Und das Interessante ist ja, daß man die Tür nach innen öffnen kann, indem man sich mit Symbolen erfüllt. Und die Symbolik hat eben diese erstaunliche Möglichkeit geschaffen, daß man diese Deprivationszustände wirklich überwinden kann. Die Studenten haben sich passiv in diese Situation hineinbegeben; solange sie aber das Bild festhalten konnten, bestand für sie auch die Möglichkeit, wieder herauszukommen.

Das für mich Eindrucksvollste war, zu erleben, wie kümmerlich der Intellekt ist und wie wenig er mit der Erhaltung der Ich-Funktion zu tun hat. Was wirklich mit der Erhaltung des Ichs zusammenhängt, braucht eben diese tiefere Ebene, die Beziehung zu den Symbolen im Menschen.

Ich habe in Amerika 30 Jahre lang ein Bild der »Unternatur« studiert, d. h. die Wirkung der Unternatur, die zutage kommt, wenn man Menschen einsperrt. Die technische Umwelt ist arm in bezug auf die Sinneswahrnehmungen.

Wenn man also Menschen für längere Zeit, z. B. in den U-Booten einschließt, also die Umwelteindrücke stark begrenzt, dann kann man erleben, daß auch unter den ausgesuchten Mannschaften mit guter Sehschärfe im Laufe der Zeit eine

Kurzsichtigkeit auftritt, eine funktionelle Myopie. So entsteht aus einer passiven Adaption eine funktionelle Störung. Dies beruht auf einer Verarmung der Umwelt und einer Behinderung der aktiven Sinneswahrnehmung. Letztere hat eine deutliche Nach- und Rückwirkung auf den ganzen Menschen.

Die technische Umwelt in den U-Booten behindert die Bewegung, die auf ein Drittel des Normalen reduziert wird. Damit wird auch die aktive Seite der Sinneswahrnehmung eingeschränkt. Außerdem ist uns aufgefallen, daß die Funktionen des rhythmischen Systems (Atmung und Kreislauf) besonders leiden; die Mitte des dreigliedrigen Menschen wird angegriffen. Es ist denkbar, daß externe Zeitgeber bei der Deprivation ausfallen und Störungen bewirken. Die sehr große Adaptionsfähigkeit des Menschen überdeckt stärkere Auswirkungen.

Wir müssen über die passive biologische Adaptation hinauskommen mittels einer bewußten, aktiven Form des Lebens. Man kann all diese Dinge, die wir gefunden haben, überwinden. Mit aktiven Sinnesübungen, mit aktiven Muskelübungen usw. kann man auch bestimmte Rhythmen intentional einführen.

In unseren Versuchen erfolgten Angriffe auf das Ich auf verschiedenen Ebenen. Und was wir tun müssen, ist: bewußt arbeiten auf jedem Gebiet. Man kann und muß eine bewußte, zukunftsweisende Physiologie einführen. Man kann sich nicht ausschließlich auf die passive Adaptation, diese von Gott gegebene Fähigkeit des Organismus verlassen, sondern wir müssen letztere durch die aktive Form der Anpassung ergänzen.

Zusammenfassung der Diskussion im Anschluß an das Referat von Karl-Ernst Schäfer:

Zunächst wird der Begriff der Anpassung von verschiedenen Seiten erweitert und eingeleitet mit der Frage, ob Anpassung nicht einen Akt der Selbstverwirklichung darstelle. Schäfer begrüßte diese Begriffserweiterung, da sich darin die bewußte Handhabung des Lebens gegenüber der technologischen Umwelt ausdrückt. Hensel möchte den Begriff der Adaptation definieren als eine Aktivierung der eigenen Fähigkeiten, sich mit der Umwelt auseinanderzusetzen. Außerdem befähigt die Adaptation den Organismus, unter Belastungen die Eigenaktivität zu steigern. Die Ich-Aktiviät tut dies auf ihrer Ebene, die biologische Adaptation verbessert die Fähigkeiten auf der funktionellen Ebene. Die unterschiedlichen Formen, sich mit der Umwelt auseinanderzusetzen, können mit den Begriffen der Akkomodation, einer aktiven Bewältigung und der Assimilation, einer passiven Verähnlichung, umschrieben werden.

Oder ist in der Assimilation eine Reizunterdrückung, und damit eine verhinderte Reaktion von Bedeutung? Deprivations-Versuche, bei denen schließlich keine Reize mehr stattfinden, erfordern vielleicht gar keine Adaptation.

Adaptation erfordert einen stärkeren Objektbezug, daß sich also die Intensität der Sinneswahrnehmung auf die Erfordernisse der Umwelt einstellt, sozusagen der Objektbezug optimiert wird. Dieser Vorgang erfordert immer neue Anstrengungen des Ichs, eine auf das Objekt gerichtete Intention. Fällt die Wechselwirkung zwischen Ich und Sinneswahrnehmung aus, verschwindet das Erlebnis des eigenen Leibes. Kienle greift dann den philosophisch bis heute noch nicht voll erfaßten und bewältigten Bewegungsbegriff auf und sieht in den

Schäferschen Versuchen und Interpretationen einen fundamentalen Fortschritt. Dort wird das Ruhende zum Ergebnis einer Tätigkeit. Das Bild des Körpers wird aktiv gebildet und das Ich stellt die innermenschlichen Bezüge her, die zur Erhaltung des Leibes notwendig sind.

Im Verlauf der weiteren Diskussion wird gefragt, ob Versuchspersonen bei den Deprivationsexperimenten eingeschlafen seien. Schäfer verweist auf die EEG-Aufzeichnungen.

Die Versuchspersonen der Gruppe A, die sich mit geometrischen Formen vorbereitet hatten, zeigten wesentlich längere Wachphasen, obwohl sie doppelt so lange im Versuch blieben als die Versuchspersonen der Gruppe B, bei denen häufig leichte bis mittlere Schlaftiefen aufgezeichnet wurden. Das Aufwachen sei ausgesprochen gefährlich, da es mit Panikgefühlen und -reaktionen einherging.

Es wurde noch lebhaft zu der Frage der Vorstellung, des Denkens und der Intentionalität diskutiert. Da die Studenten recht unbefangen über ihre Erlebnisse berichtet haben, waren die Interpretationen sehr wichtig. Hensel verweist auf heute gut fundierte Beobachtungen, daß nämlich das Denken keineswegs nur im Abstrakten abläuft, sondern den ganzen Organismus mit seinen Funktionen beeinflußt. In der wissenschaftlichen Öffentlichkeit haben diese Versuche und ihre Resultate ein ziemliches Aufsehen erregt. Schäfer verweist in diesem Zusammenhang auch auf die Arbeiten von Linsey, der nach Sinnesdeprivation Schäden am retikulären System aufzeigen konnte.

Literatur
(nur unvollständig verfügbar)

Baravalle, H. von: Geometrie als Sprache der Formen. Verlag Freies Geistesleben, Stuttgart, 3. Auflage 1980

Hensel, H.: The activity of human sensory perception, in: Basis of an individual physiology. hrsg. K.-E. Schäfer, G. Hildebrandt und N. Macbeth, Futura Publ. Comp. Mt. Kisco, N. Y. 1979

Popper, K. und J. C. Eccles: The self and its brain, Springer Verlag, New York 1977

Steiner, R.: Philosophie und Anthroposophie, p. 152ff.: Ein Wort über Theosophie auf dem 4. internationalen Kongreß für Philosophie, Bologna, 8. 4. 1911, GA 35, R. Steiner Verlag, Dornach/Schweiz, 1984